살아있는 한국어

관용어

저자 김선정·강현자·김경하·류선영

한글파크

저자 약력

김선정
University of London(SOAS) 언어학 박사
계명대학교 한국문화정보학과 교수
계명대학교 국제교육부장

김경하
계명대학교 일본어통번역학 전공 석사
계명대학교 한국어학당 강사

강현자
독일 Augsbug 대학 언어학 석사
계명대학교 외국어로서의 한국어교육학과 박사
계명대학교 한국어학당 초빙교수

류선영
계명대학교 국어교육학 석사
계명대학교 외국어로서의 한국어교육학과 박사수료
계명대학교 한국어학당 강사

살아있는 한국어 관용어

초판발행	2007년 9월 10일
초판 19쇄	2024년 5월 20일
저자	김선정, 강현자, 김경하, 류선영
편집	권이준, 김아영
펴낸이	엄태상
콘텐츠 제작	김선웅, 장형진
마케팅본부	이승욱, 왕성석, 노원준, 조성민, 이선민
경영기획	조성근, 최성훈, 김다미, 최수진, 오희연
물류	정종진, 윤덕현, 신승진, 구윤주
펴낸곳	한글파크
주소	서울시 종로구 자하문로 300 시사빌딩
주문 및 교재 문의	1588-1582
팩스	0502-989-9592
홈페이지	http://www.sisabooks.com
이메일	book_korean@sisadream.com
등록일자	2000년 8월 17일
등록번호	제300-2014-90호

ISBN 978-89-5518-644-4 14710
  　　 978-89-5518-643-7 14710 (set)

* 한글파크는 랭기지플러스의 임프린트사이며, 한국어 전문 서적 출판 브랜드입니다.
* 이 책의 내용을 사전 허가 없이 전재하거나 복제할 경우 법적인 제재를 받게 됨을 알려 드립니다.
* 잘못된 책은 구입하신 서점에서 교환해 드립니다.
* 정가는 표지에 표시되어 있습니다.

머리말 Preface

외국어 학습에 있어서 문화를 이해하는 것은 언어 학습만큼이나 중요하다. 따라서 외국어로서의 한국어 교육에 있어서 한국인의 생각과 느낌이 담긴 관용어, 속담, 한자성어 등은 한국의 문화를 교육하는 데 중요한 자료가 된다.

이에 따라 계명대학교 한국어학당에서는 관용어, 속담, 한자성어를 이용한 한국 문화 교재 시리즈를 집필하게 되었는데 이 책은 그 중의 하나로 관용어를 이용한 한국어 및 한국문화 학습 교재이다. 관용어는 낱말의 사전적인 의미만으로는 그 의미를 제대로 파악하기 어려운 데다가 사용 빈도가 높기 때문에 외국인 학습자들에게는 별도의 학습이 필요하다. 이 책이 갖는 의의가 여기에 있다.

이 책은 관용어 교육을 통해 한국의 문화를 간접적으로 경험하고 한국의 실생활을 알 수 있도록 구성하였다. 가정, 직장, 학교에서의 한국인의 일상생활과 여가 생활에 나타난 삶의 방식뿐만 아니라 그에 따른 한국인의 특유한 정서 등을 교재에 반영하여 한국어와 한국 문화를 보다 쉽고 재미있게 배울 수 있도록 하였다. 이 교재에 제시된 60개의 관용어는 실제 사용 빈도를 바탕으로 선정된 것이며 대체로 중급 정도의 학습자를 염두에 두었다 (선정 기준 및 절차는 '한국어 관용어 교재 개발을 위한 기초연구 및 단원 제시', 『이중언어학』 32호를 참조할 것). 이 책은 말하기 중심 교재로서, 수동적으로 관용어를 이해하는 데 그치는 것이 아니라 상황에 맞게 적극적으로 활용할 수 있도록 구성하였다. 또한 다양한 본문의 주제와 두 개의 관용어로 이루어진 흥미로운 '이야기해요', '함께해요'라는 코너를 두어 해당 관용어와 관련 있는 가벼운 읽을거리나 게임, 옛날이야기, 토론 주제 등으로 학습 효과와 흥미도 고취라는 두 가지 요구 사항을 충족시키고자 하였다.

이 교재를 포함하여 『살아있는 한국어』 한국문화 교재 시리즈(관용어, 속담, 한자성어)는 여러 사람이 팀을 이루어 작업을 하였다. 관용어 편은 김선정, 강현자, 김경하, 류선영이 중심이 되어 작업하였고 여러 명의 한국문화정보학과 학생들도 연구보조원으로 참여하였다. 어려운 작업을 함께해 준 모든 분들께 감사의 뜻을 전한다.

끝으로 이 책을 세상에 내놓을 수 있도록 애써 주신 랭기지플러스의 편집진 여러분께 감사의 뜻을 전한다.

2007년 8월
저자를 대표하여
김 선 정

차례 Contents

	머리말	3
	이 책의 구성	6
	등장인물	8
01	귀가 얇다	9
02	입이 무겁다	12
03	눈(이) 높다	17
04	마음(을) 먹다	20
05	마음에 들다	25
06	입에 맞다	28
07	발(이) 넓다	33
08	손(이) 크다	36
09	한잔(을) 하다	41
10	한턱(을) 내다	44
11	가슴(이) 찡하다	49
12	발(을) 벗고 나서다	52
13	골치(가) 아프다	57
14	굴뚝같다	60
15	국수(를) 먹다	65
16	배(가) 아프다	68
17	귀가 가렵다	73
18	얼굴(이) 두껍다	76
19	기(가) 막히다	81
20	바람(을) 피우다	84
21	낯(이) 뜨겁다	89
22	진땀(을) 흘리다	92
23	내 코가 석자	97
24	어깨가 무겁다	100
25	눈(을) 감아 주다	105
26	눈에 불을 켜다	108
27	눈이 빠지도록 기다리다	113
28	바람(을) 맞다	116
29	눈코 뜰 새 없다	121
30	발등에 불이 떨어지다	124

31	바가지(를) 쓰다	129
32	비행기(를) 태우다	132
33	발목(을) 잡다	137
34	애(를) 먹다	140
35	손발(이) 맞다	145
36	쥐도 새도 모르게	148
37	손(을) 보다	153
38	한눈(을) 팔다	156
39	제 눈에 안경이다	161
40	콧대가 높다	164
41	가슴이 뜨끔하다	169
42	간이 콩알만 해지다	172
43	가시 방석에 앉다	177
44	입에 침이 마르다	180
45	귀에 못이 박히다	185
46	눈도 깜짝 안 하다	188
47	날개(가) 돋치다	193
48	담(을) 쌓다	196
49	눈독(을) 들이다	201
50	뜸(을) 들이다	204
51	다리(를) 뻗고 자다	209
52	파김치가 되다	212
53	몸살(이) 나다	217
54	물불을 가리지 않다	220
55	손에 땀을 쥐다	225
56	코가 납작해지다	228
57	시치미(를) 떼다	233
58	허리띠(를) 졸라매다	236
59	찬물을 끼얹다	241
60	한술 더 뜨다	244
연습문제 정답		250
찾아보기		254

이 책의 구성 Structure

전체의 과는 60개로 구성되어 있으며 '연습해요'와 '이야기해요' 구성을 위해 두 개의 관용어를 하나로 묶어 제시하였다.

1 도입

'그림'을 제시하여 대화문을 학습하기 전 해당 관용어의 의미를 유추해 볼 수 있도록 한다. 이 과정을 통하여 학습자들은 해당 관용어에 대한 호기심과 흥미를 갖게 된다.

2 대화

'대화'는 한국 생활을 반영하는 다양한 대화문을 통해서 자연스럽게 해당 관용어를 익힐 수 있도록 구성하였다. 따라서 각 관용어들이 어떤 상황과 맥락에서 어떤 형태로 사용되는지를 알게 된다. 또한 '활용예문'을 통해 더욱 다양한 예문들을 익힘으로써 해당 관용어 쓰임을 좀 더 확장시킬 수 있다. '새 어휘와 문형'에서는 '대화'와 '활용예문'에서 나온 새 어휘와 문형을 제시하였다. 그 중 여러 가지 의미를 내포하고 있는 관용어 어휘에 한해서 ✎ 표시를 두어 '한 걸음 더'에서 다양한 예문을 제시하였다.

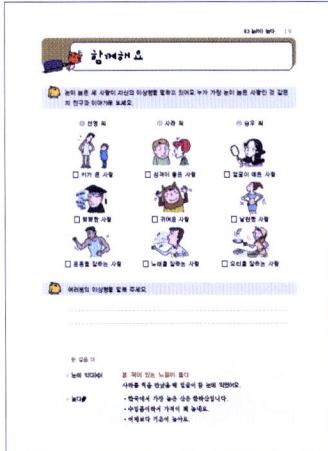

3 함께해요

'**함께해요**'는 해당 관용어를 이용한 짧은 글이나 여러 가지 게임 등을 소개하여 말하기 활동을 통해 더욱 친숙하게 관용어를 학습할 수 있도록 하였다.
'**한 걸음 더**'는 해당 관용어의 어휘를 확장하여 다양한 관용 표현을 함께 익힐 수 있도록 하였다. 예를 들면 (=)표시는 해당 관용어와 유사한 의미를 지닌 관용어를 제시해 놓은 것이며 (↔)표시는 해당 관용어와 반의 관계에 있는 관용어를 제시한 것이다. 또한 (⇨)표시는 해당 관용어와 관련된 다양한 관용어를 익힐 수 있도록 제시해 놓은 것이다. 각각의 관용어는 예문과 함께 제시되어 학습자들의 이해를 돕도록 하였다.

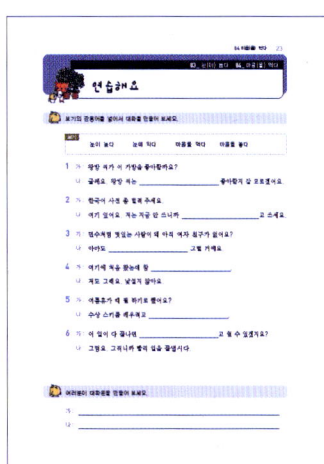

연습해요 4

'**연습해요**'는 두 가지 관용어를 학습자가 제대로 이해하고 상황을 고려하여 적절하게 사용할 수 있는지를 확인하는 단계이다. 빈 칸에 적당한 관용어를 넣을 수 있는 연습을 하도록 하고 해당 관용어를 사용하여 학습자 스스로가 문장을 만들어 볼 수 있도록 구성하였다.

5 이야기해요

'**이야기해요**'는 두 개의 관용어를 적절히 이용한 대화문이나 읽기 자료로 구성하였으며 내용을 읽고 대답하거나 글의 주제에 대한 이야기를 나눌 수 있도록 하였다.

등장인물 Character

01 귀가 얇다

대화

민 수: 제니 씨, 어디에 갔다 왔어요?
제 니: 치약을 사러 슈퍼마켓에 잠깐 다녀왔어요.
민 수: 그런데 칫솔과 비누는 왜 이렇게 많이 샀어요?
제 니: 점원이 아주 싸고 좋다고 해서요. 사실 비누는 집에 많은데…….
민 수: 제니 씨는 **귀가 얇아서** 큰일이에요.

✽ 귀가 얇다 : 다른 사람의 말을 쉽게 믿다

활용예문

▶ 제니 씨는 **귀가 얇아서** 남의 말을 잘 믿는다.
▶ 남의 말을 쉽게 믿는 사람에게 **귀가 얇다고** 해요.
▶ 가 : 민수 씨도 그 소문 들었지요? 저는 그 얘기를 듣고 깜짝 놀랐어요.
  나 : 그걸 믿어요? 참 **귀가 얇군요**.

새 어휘와 문형

☐ 치약　☐ 슈퍼마켓　☐ 칫솔　☐ 점원　☐ 사실　☐ 얇다　☐ 믿다
☐ 남　☐ 소문　☐ 깜짝　☐ 놀라다　☐ 참　☐ -다고 하다(-대요)

01 귀가 얇다 _11

함께해요

 귀가 얇은 친구에게 다음과 같이 말해 보세요. 그 친구가 이 말을 믿을까요? 안 믿을까요?

	믿어요	안 믿어요
❶ 한글날에는 한국어 수업이 없어요.	☐	☐
❷ 붕어빵에는 붕어가 들어 있어요.	☐	☐
❸ 미역국을 먹으면 시험에 떨어져요.	☐	☐
❹ 우리 반의 ○○ 씨가 결혼을 했어요.	☐	☐
❺ 애인에게 구두를 선물하면 헤어져요.	☐	☐

 여러분이 재미있는 문장을 만들어 보세요.

_____
_____

한 걸음 더

▶ 귀가 어둡다(⇨) 다른 사람의 말을 잘 듣지 못하다
　　　　　　　　 할머니께서는 **귀가 어두워서** 제 말을 잘 못 들으세요.

▶ 얇다 • 추운 날씨에 얇은 옷을 입으면 감기에 걸려요.
　　　　 • 고기를 얇게 썰어 주세요.

02 입이 무겁다

대화

민 수: 아사코 씨, 어디 아파요? 얼굴이 안 좋아 보여요.
아사코: 그냥 기분이 안 좋아서 그래요.
민 수: 무슨 일이 있어요? 걱정이 있으면 저한테 말해 보세요.
아사코: 말해도 될지 모르겠어요.
민 수: 저는 **입이 무거우니까** 걱정하지 말고 말해 보세요.
아사코: 그럼 비밀을 꼭 지켜 주셔야 해요.

✽ 입이 무겁다 : 비밀을 잘 지키다

활용예문

▶ 민수는 **입이 무거우니까** 다른 사람에게 얘기 안 할 거예요.
▶ **입이 무겁고** 신중한 사람이 좋아요.
▶ 가 : 승우 씨에게 이 이야기를 해도 괜찮을까요?
　나 : 그럼요. 승우 씨는 **입이 무거우니까** 괜찮을 거예요.

새 어휘와 문형

☐ 기분　　☐ 걱정　　☐ 무겁다　　☐ 비밀　　☐ 꼭
☐ 지키다　☐ 신중하다　☐ -(으)ㄹ지 모르겠다

함께해요

 비밀을 지켜야 할까요? 다음의 그림을 보고 친구와 이야기해 보세요

❶ A,B,C 는 친한 친구 사이다.

❷ C 에게는 멋있는 남자 친구 D 가 있다.

❸ A 는 어느 날 B 와 D 가 데이트하는 것을 보게 된다

❹ B 는 A 에게 비밀을 지켜 달라고 부탁한다.

 만약 여러분이 A 라면 어떻게 하겠어요?

B 의 비밀을 지켜 준다.	C 에게 모든 사실을 말한다.
그 이유는 무엇입니까?	그 이유는 무엇입니까?
•	•
•	•
•	•

한 걸음 더

▶ 입이 가볍다(↔)   **입이 가벼운** 사람과 이야기할 때는 조심하세요.

▶ 입을 모으다(⇨)   같은 의견을 말하다
민지는 부지런해서 모든 사람들이 **입을 모아** 칭찬해요.

▶ 무겁다 • 가방이 너무 무거워서 혼자 들 수 없어요.
• 반장이 되어 책임이 무겁습니다.

01_ 귀가 얇다   **02_** 입이 무겁다

연습해요

 보기의 관용어를 넣어서 대화를 만들어 보세요.

보기				
	귀가 얇다	귀가 어둡다	입이 무겁다	입이 가볍다

1 가 : 수진 씨에게는 비밀 이야기를 하지 마세요.

　　나 : 왜요? 수진 씨는 _____?

2 가 : 제니 씨, 바보처럼 그 말을 모두 믿었어요?

　　나 : 네, 저는 _____.

3 가 : 비밀 지켜줄 수 있지요?

　　나 : 물론이지요. 저는 _____.

4 가 : 할머니께서는 _____ 크게 말씀하셔야 해요.

　　나 : 그렇군요. 저희 할머니도 _____.

5 가 : 남자 친구와 헤어졌지요?

　　나 : 어떻게 알았어요? _____ 민우가 벌써 말했군요.

6 가 : 또 옷을 사셨어요?

　　나 : 네, 백화점 점원이 저에게 너무 잘 어울린다고 해서요.

　　가 : 지영 씨는 _____ 큰일이에요.

여러분이 대화문을 만들어 보세요.

가 : _____

나 : _____

이야기해요

귀가 얇다 / 입이 무겁다

 다음을 읽고 대화를 만들어 보세요.

마이클: 아직 책을 못 골랐어요?
요 코: 네, 아사코 씨는 이 책이 좋다고 하고 왕방 씨는 저 책이 좋다고 해서요.
마이클: 요코 씨는 **귀가 얇아서** 큰일이에요. 우선 교과서로 열심히 공부하세요.
요 코: 사실은 이번 한국어 시험에서 40점밖에 못 받았어요. 그래서 다른 책으로 더 열심히 공부하려고요. 아마 내가 우리 반에서 꼴찌일 거예요.
마이클: 걱정하지 마세요. 이건 비밀인데요. 요코 씨는 **입이 무거우니까** 말해 줄게요. 전 이번 시험에서 30점을 받았어요.
요 코: 네? 정말요?
마이클: _____.
요 코: _____.

 질문에 대답하세요.

1 요코는 왜 새 책을 사려고 해요?
2 마이클은 왜 요코에게 시험 점수를 말해 줬어요?
3 시험에서 좋은 점수를 받으려면 어떻게 해야 해요?

새 어휘 ☐ 아직 ☐ 고르다 ☐ 교과서 ☐ 점 ☐ 꼴찌

03 눈(이) 높다

대화

에 릭: 민수 씨 누나는 아직 남자 친구가 없어요?
민 수: 네, 누나가 **눈이** 너무 **높아서** 걱정이에요.
에 릭: 그래요? 민수 씨 누나에게 남자 친구를 소개해 주고 싶은데요.
민 수: 좋은 사람이 있어요?
에 릭: 제 친구 형인데 한국 사람처럼 한국말도 잘하고 성격도 좋아요. 게다가 얼굴도 잘생겼어요.
민 수: 지금 누나에게 전화해 봐야겠어요.

✱ 눈(이) 높다 : 무엇을 선택하는 기준이 높다

활용예문

▶ 민지는 **눈이 높아서** 영화배우 같은 남자를 좋아해요.
▶ 제 동생은 **눈이 높아서** 최고급 물건만 사요.
▶ 가: 남자 친구가 **눈이 높은데** 어떤 선물을 주면 좋아할까요?
　 나: 글쎄요. 제니 씨가 주는 선물은 다 좋아할 거예요.

새 어휘와 문형

☐ 높다　☐ 소개하다　☐ 처럼　☐ 성격　☐ 게다가　☐ 잘생기다
☐ 영화배우　☐ 최고급　☐ -아/어야겠다

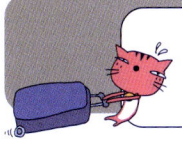# 함께해요

 눈이 높은 세 사람이 자신의 이상형을 말하고 있어요. 누가 가장 눈이 높은 사람인 것 같은지 친구와 이야기해 보세요.

❶ 선영 씨   ❷ 사라 씨   ❸ 승우 씨

☐ 키가 큰 사람   ☐ 성격이 좋은 사람   ☐ 얼굴이 예쁜 사람

☐ 똑똑한 사람   ☐ 귀여운 사람   ☐ 날씬한 사람

☐ 운동을 잘하는 사람   ☐ 노래를 잘하는 사람   ☐ 요리를 잘하는 사람

 여러분의 이상형을 말해 보세요.

한 걸음 더

▶ 눈에 익다(⇨)   본 적이 있는 느낌이 들다
                    사라를 처음 만났을 때 얼굴이 참 **눈에 익었어요**.

▶ 높다   • 한국에서 가장 높은 산은 한라산입니다.
                    • 수입품이라서 가격이 꽤 높네요.
                    • 어제보다 기온이 높아요.

04 마음(을) 먹다

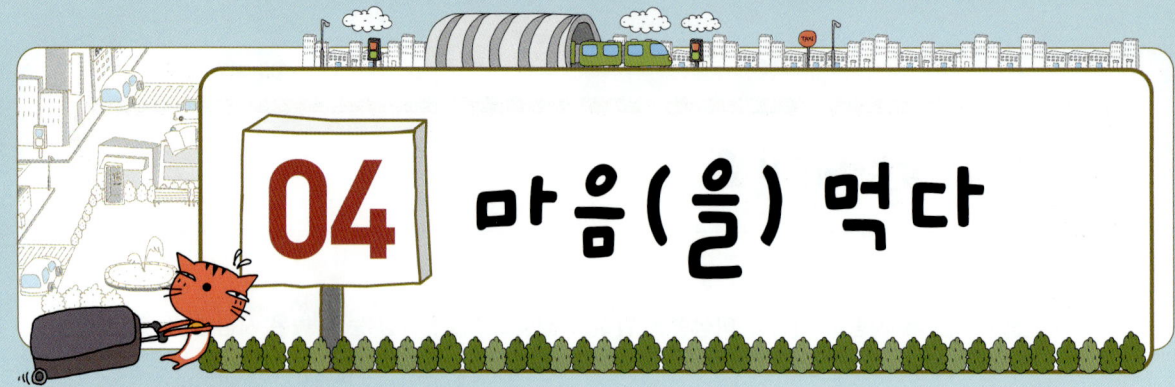

대화

제 니: 내일부터 방학인데 아사코 씨는 뭘 할 거예요?
아사코: 저는 방학 동안 한국말을 열심히 공부하려고 해요.
제 니: 아사코 씨는 한국말을 잘하잖아요. 지금도 충분해요.
아사코: 아니에요. 1년 동안 한국말을 배웠지만 아직도 잘 못해요.
 제니 씨는 방학 때 뭘 하려고 해요?
제 니: 전 열심히 운동해서 살을 빼기로 **마음을 먹었어요**. 개강하면 모두 깜짝 놀랄 거예요. 기대하세요.

✽ 마음(을) 먹다: 결심하다

활용예문

▶ 다음 주부터 담배를 끊기로 **마음을 먹었어요**.
▶ 이번 방학에는 유럽으로 배낭여행을 가기로 **마음을 먹었어**.
▶ 가: 시험 준비는 잘 돼요?
 나: 아니요. 열심히 하려고 **마음은 먹었는데** 생각처럼 잘 안 돼요.

새 어휘와 문형

☐ 충분하다 ☐ 살 ☐ 빼다 ☐ 마음 ☐ 먹다 ☐ 개강하다
☐ 기대하다 ☐ 담배 ☐ 끊다 ☐ 유럽 ☐ 배낭여행 ☐ -기로 하다

함께해요

 아래의 사람들은 무엇을 하기로 마음을 먹었어요? 친구와 이야기해 보세요.

보기) 미니 스커트를 입고 싶어요. 그래서 열심히 운동해서 살을 빼기로 마음을 먹었어요.

 여러분은 어떤 계획이 있어요? 뭘 하기로 마음을 먹었어요?

① 이번 주말에는…
② 내 생일에는…
③ 방학에는 …
④ 크리스마스에는…

한 걸음 더

▶ 마음(을) 잡다(=)   이제 **마음을 잡고** 공부할 거예요.
▶ 마음(을) 놓다(⇨)   걱정하지 않다
　　　　　　　　　내일은 쉬는 날이니까 오늘은 **마음 놓고** 놉시다.
▶ 먹다
　　• 저는 7살 먹은 동생이 있어요.
　　• 공포영화가 시작되기도 전에 벌써 겁을 먹었어요.

연습해요

03_ 눈(이) 높다   04_ 마음(을) 먹다

 보기의 관용어를 넣어서 대화를 만들어 보세요.

보기			
눈이 높다	눈에 익다	마음을 먹다	마음을 놓다

1 가 : 왕방 씨가 이 가방을 좋아할까요?

   나 : 글쎄요. 왕방 씨는 _____ 좋아할지 잘 모르겠어요.

2 가 : 한국어 사전 좀 빌려 주세요.

   나 : 여기 있어요. 저는 지금 안 쓰니까 _____고 쓰세요.

3 가 : 민수처럼 멋있는 사람이 왜 아직 여자 친구가 없어요?

   나 : 아마도 _____ 그럴 거예요.

4 가 : 여기에 처음 왔는데 참 _____.

   나 : 저도 그래요. 낯설지 않아요.

5 가 : 여름휴가 때 뭘 하기로 했어요?

   나 : 수상 스키를 배우려고 _____.

6 가 : 이 일이 다 끝나면 _____고 쉴 수 있겠지요?

   나 : 그럼요. 그러니까 빨리 일을 끝냅시다.

 여러분이 대화문을 만들어 보세요.

   가 : _____

   나 : _____

03_ 눈(이) 높다 04_ 마음(을) 먹다

이야기해요

눈(이) 높다 / 마음(을) 먹다

 다음을 읽고 대화를 만들어 보세요.

준기: 왕방 씨의 생일 선물을 샀어요?

사라: 아직 못 샀어요. 왕방 씨가 **눈이 높아서** 선물 고르기가 어려워요.

준기: 그래요? 선물을 받으면 누구나 다 기분이 좋잖아요.

사라: 그렇지만 왕방 씨에게 필요한 선물을 해 주고 싶어요. 음, 학용품은 어떨까요?

준기: 좋은 생각이네요! 유학생들에게는 제일 좋은 선물이지요. 사라 씨, 제 생일에는 이렇게 고민하지 마세요.

사라: 네?

준기: 제 생일에는 운동화를 사 주세요. 다음 학기부터 테니스를 배우기로 **마음먹었거든요.** 하하하.

사라: _____.

준기: _____.

 질문에 대답하세요.

1 왕방의 생일 선물을 고르는 것이 왜 어려워요?
2 사라는 왕방에게 무엇을 선물할 거예요?
3 여러분은 어떤 생일 선물을 받고 싶어요?

새 어휘   ☐ 학용품   ☐ 유학생   ☐ 고민하다

05 마음에 들다

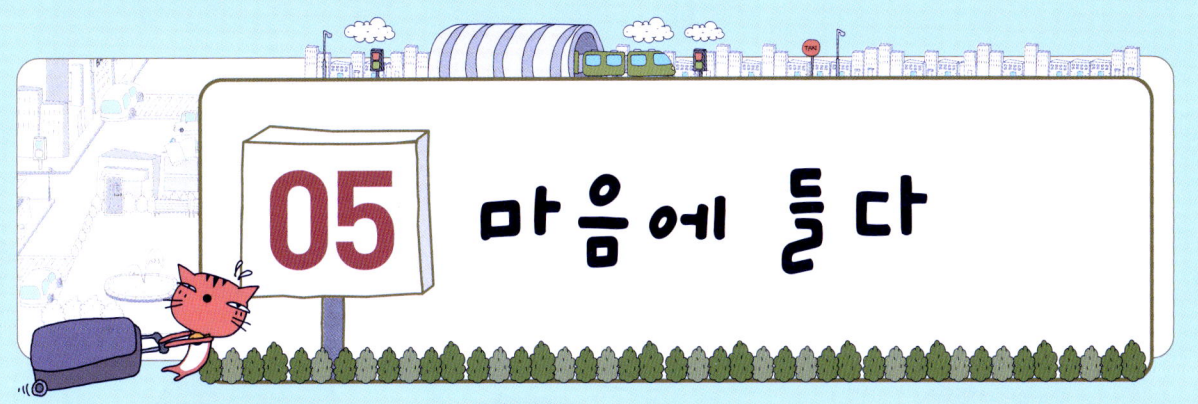

대화

제 니: 에릭 씨, 요즘 얼굴 보기 힘드네요. 그동안 많이 바빴어요?
에 릭: 네, 조금 바빴어요. 여기저기 여행을 다녀왔어요.
제 니: 한국의 여행지 중에서 어디가 가장 **마음에 들었어요**?
에 릭: 지난주 토요일에 간 경주 불국사가 가장 **마음에 들었어요**.
 참 아름다운 곳이니까 제니 씨도 한번 가 보세요.
제 니: 네, 다음에 기회가 있으면 꼭 가 보고 싶어요.

✽ 마음에 들다: 자신의 느낌이나 생각과 같아서 좋아하다

활용예문

▶ 이 옷은 색깔이 **마음에 들지** 않는다.
▶ 학교 근처에서 **마음에 드는** 커피숍을 찾았는데 같이 갈까요?
▶ 가: 너는 왜 민수가 **마음에 드니**?
 나: 민수는 성격도 밝고 재미있잖아.

새 어휘와 문형

☐ 힘들다　☐ 여기저기　☐ 다녀오다　☐ 여행지　☐ 들다　☐ 경주
☐ 불국사　☐ 기회　☐ 색깔　☐ 찾다　☐ -중에(서) 제일/가장

05 마음에 들다   _27

 마음에 드는 것을 골라 보세요. 그리고 왜 그것이 마음에 드는지 친구와 같이 이야기해 보세요.

① 운동

      기타 (   )
  수영   테니스   농구   태권도

② 영화

      기타 (   )
  공포   멜로   코미디   액션

③ 음악

      기타 (   )
  댄스   발라드   클래식   록

④ 색깔

      기타 (   )
  빨간색   노란색   파란색   까만색

한 걸음 더

▶ 눈에 들다 (=)   우리 언니는 눈이 높아서 **눈에 드는** 남자가 없대요.
▶ 마음을 비우다 (⇨)   욕심을 버리다
                       이번 대회에서는 **마음을 비우고** 열심히 하겠습니다.
▶ 들다 //   • 가방을 들고 밖으로 나갔다.
                       • 상자에는 케이크가 들어 있어요.
                       • 감기가 들어서 병원에 갔습니다.

06 입에 맞다

대화

에 릭: 민수 씨, 오랜만이에요. 그동안 잘 지냈어요?
민 수: 네, 잘 지냈어요. 에릭 씨는 요즘 한국 생활이 어때요?
에 릭: 아주 재미있어요. 지금은 많이 익숙해졌어요.
민 수: 이제 한국 음식은 **입에 맞아요**?
에 릭: 네, 특히 불고기와 삼계탕이 제 **입에 맞아요**. 하지만 아직도 김치는 먹기 힘들어요.
민 수: 그래요? 오늘 에릭 씨와 같이 김치찌개를 먹고 싶었는데……. 빨리 매운 음식도 에릭 씨 **입에 맞았으면** 좋겠어요.

✱ 입에 맞다: 음식이나 하는 일이 마음에 들다

활용예문

▶ 많이 드세요. 우리 집 음식이 **입에 맞았으면** 좋겠어요.
▶ 외국에서 음식이 **입에 맞지** 않아 힘들었어요.
▶ 가 : 하고 싶은 일을 찾았어요?
　나 : 아니요, **입에 맞는** 일을 찾기가 어려워요.

새 어휘와 문형

□ 익숙하다　□ 이제　□ 맞다　□ 특히　□ 불고기　□ 삼계탕
□ 아직도　□ 김치　□ 김치찌개　□ 외국　□ -았/었으면 좋겠다

함께해요

 각 나라의 대표적인 음식을 보고 친구와 같이 이야기해 보세요.

한 걸음 더

▶ 입이 짧다(⇨)   싫어하거나 먹지 않는 음식이 많다
   저는 **입이 짧아서** 아무 음식이나 먹지 않아요.

▶ 입에 맞는 떡(⇨)   마음에 드는 일이나 물건
   입에 맞는 떡이 어디에 있어? 지금 다니는 회사에서 열심히 일해.

▶ 맞다
   • 어제 산 옷이 몸에 꼭 맞아요.
   • 맞는 답에 동그라미를 치세요.
   • 우산이 없어서 비를 맞았어요.

05_ 마음에 들다   06_ 입에 맞다

연습해요

 보기의 관용어를 넣어서 대화를 만들어 보세요.

보기			
마음에 들다	마음을 비우다	입에 맞다	입이 짧다

1 가 : 어제 청바지를 샀어요?
   나 : 아니요. _____ 것이 없어서 안 사고 그냥 왔어요.

2 가 : 신혼여행은 어땠어?
   나 : 모두 좋았지만 음식이 _____서 힘들었어.

3 가 : 주말에 여행을 가고 싶은데 어디가 좋을까요?
   나 : 글쎄요. 제가 여행한 곳 중에서는 제주도가 _____.

4 가 : 그 사람은 잘생겼지만 너무 말라서 _____.
   나 : 아마도 _____ 그런 것 같아.

5 가 : 이 레스토랑 분위기가 어때요?
   나 : 아주 _____.

6 가 : 내일 우리가 축구 경기에서 이길 수 있을까?
   나 : 물론이지. _____고 최선을 다하면 이길 수 있어.

 여러분이 대화문을 만들어 보세요.

가 : _____
나 : _____

05_ 마음에 들다   06_ 입에 맞다

이야기해요

마음에 들다 / 입에 맞다

 다음을 읽고 대화를 만들어 보세요.

선생님: 아사코 씨, 주말에 뭐 했어요?
아사코: 한국 친구와 같이 인사동에 가서 여기저기 구경했어요.
선생님: 그래요? 어디가 **마음에 들었어요**?
아사코: 전통 찻집이요. 찻집의 분위기도 좋았고 처음 마셔 본 생강차도 참 좋았어요.
선생님: 생강차는 조금 매운데 **입에 맞았어요**?
아사코: 네, 조금 매웠지만 향이 좋아서 **마음에 들었어요**. 감기에 걸렸을 때 마시면 좋다고 들었어요.
선생님: 맞아요. 유자차도 감기에 좋아요.
아사코: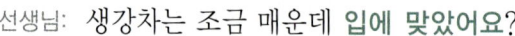
선생님: _____.

 질문에 대답하세요.

1 아사코는 주말에 무엇을 했어요?
2 아사코는 왜 전통 찻집이 마음에 들었어요?
3 여러분은 감기에 걸렸을 때 어떻게 해요?

새 어휘   ☐ 전통 찻집   ☐ 분위기   ☐ 생강차   ☐ 향   ☐ 유자차

07 발(이) 넓다

대화

민 수: 아사코 씨, 무슨 걱정이 있어요?
아사코: 네, 다음 주에 이사해야 하는데 아직 마음에 드는 하숙집을 못 구했거든요.
민 수: 근처 부동산에 가 봤어요?
아사코: 네, 여러 곳에 가 봤는데 학교에서도 가깝고 값도 싼 방을 찾기가 힘들었어요.
민 수: 너무 걱정하지 마세요. 제가 영수 씨에게 부탁해 볼게요.
영수 씨는 **발이 넓어서** 아사코 씨를 도와줄 수 있을 거예요.

✱ 발(이) 넓다: 알고 지내는 사람이 많다

활용예문

▶ 제 친구는 **발이 넓어서** 모르는 사람이 없어요.
▶ 그 일에는 **발이 넓은** 사람이 꼭 필요합니다.
▶ 가: 경하 씨, 좋은 사람이 있으면 소개해 주세요.
  나: **발이 넓은** 친구가 있는데 한번 이야기해 볼게요.

새 어휘와 문형

☐ 이사하다   ☐ 하숙집   ☐ 구하다   ☐ 부동산   ☐ 가깝다
☐ 부탁하다   ☐ 넓다   ☐ 필요하다 ☐ -거든요

07 발(이) 넓다 _35

함께해요

 민수는 발이 넓어서 알고 지내는 외국인 친구들이 많아요. 여러분이 민수의 친구들을 소개해 주세요.

보기 브라이언을 소개합니다. 브라이언은 미국에서 온 교환학생이에요. 컴퓨터 게임을 아주 좋아해요. 그리고 한국 역사에도 관심이 많아서 역사책을 자주 읽어요.

브라이언 다니엘 민수 아사코 앙리

	국적	직업	취미	기타
보기 브라이언	미국	교환학생	컴퓨터 게임	한국 역사
다니엘	영국	회사원	태권도	3년
아사코	일본	일본어 선생님	여행	경주
앙리	프랑스	요리사	영화보기	한국 음식

한 걸음 더

▶ 발(을) 끊다(⇨) 서로 오고 가지 않거나 관계를 끊다
지금은 그 가게에 안 가요. **발 끊은** 지 벌써 2년이 되었어요.

▶ 발(을) 구르다(⇨) 몹시 안타까워 하다
날씨도 추운데 버스가 안 와서 **발을 동동 구르고** 있었다.

▶ 넓다 • 새로 이사 간 집은 방이 참 넓어요.
• 제 친구는 마음이 넓어서 저를 잘 이해해 줍니다.

08 손(이) 크다

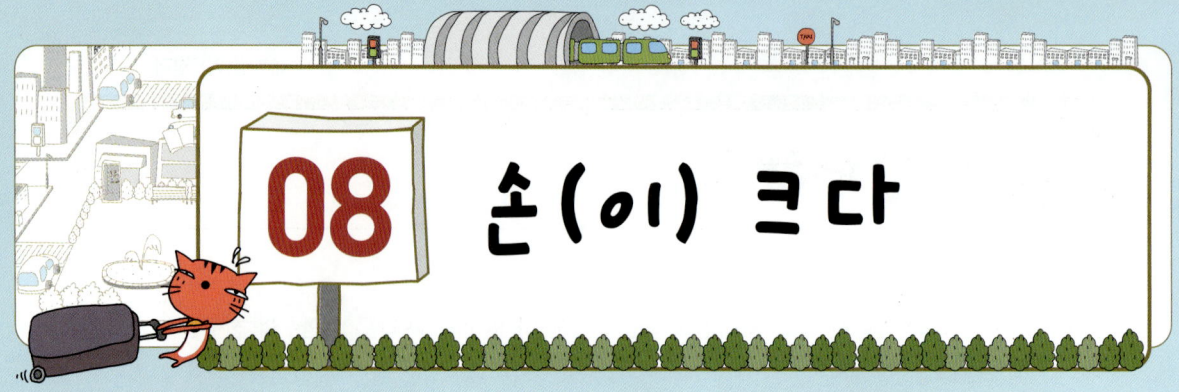

대화

제 니: 오늘 시간 있으면 저녁이나 같이 먹는 게 어때요?
왕 방: 좋아요. 그럼 학교 근처에 새로 생긴 음식점이 있는데 거기에 가요.
제 니: 그래요. 음식도 맛있고 주인아주머니가 **손이 커서** 양도 많다고 들었어요.
왕 방: 맞아요. 거긴 항상 손님이 많아서 예약하고 가야 해요.
　　　내가 이따가 전화로 예약할게요.

✻ 손(이) 크다: 돈이나 물건을 아끼지 않고 넉넉하게 쓰다

활용예문

▶ 우리 엄마는 **손이 커서** 올해도 김치를 50포기나 담그셨어요.
▶ 제 친구는 평소에는 돈을 아끼지만 다른 사람을 도울 때는 **손이 커요**.
▶ 가: 음식을 너무 많이 준비해서 남겠어요.
　 나: 그렇지요? 승우 씨 부인은 참 **손이 크네요**.

새 어휘와 문형

☐ 새로　　☐ 생기다　　☐ 주인아주머니　　☐ 크다　　☐ 양
☐ 예약하다　☐ 이따가　　☐ 포기　　　　　☐ 담그다　☐ 평소
☐ 남다　　☐ -(이)나

함께해요

 '손이 크다'와 아래의 단어를 사용해서 문장을 만들어 보세요.

보기: 우리 어머니는 손이 크셔서 내 생일에 많은 음식을 만들어 주셨어요. 그래서 친구들이 모두 배부르게 먹었어요.

- 어머니 / 생일 / 음식
- 할머니 / 추석 / 송편
- 이모 / 시장 / 고등어
- 영희 / 백화점 / 물건
- ?

한 걸음 더

▶ 손이 모자라다(⇨)   일할 사람이 부족하다
  일요일에 집들이를 하는데 **손이 모자라서** 큰일이에요.

▶ 손(을) 놓다(⇨)   일을 그만두다
  그 일을 **손 놓은** 지 오래되었어요.

▶ 크다
  • 키가 큰 사람은 보통 발도 커요.
  • 좀 더 큰 가방을 보여 주세요.
  • 음악 소리가 너무 커요. 소리를 좀 줄여 주세요.

08 손(이) 크다   39

07_ 발(이) 넓다   08_ 손(이) 크다

연습해요

 보기의 관용어를 넣어서 대화를 만들어 보세요.

보기				
	발이 넓다	발을 끊다	손이 크다	손이 모자라다

1 가: 손님은 10명인데 음식은 20인분쯤 되는 것 같아요.
   나: 제가 _____ 항상 넉넉하게 준비해요.

2 가: 상우 씨, 일 끝난 후에 같이 맥주 마시러 가요.
   나: 미안해요. 저 요즘 건강 때문에 술집에 _____.

3 가: 지금 시간 있으면 저 좀 도와주세요. _____.
   나: 좋아요. 무슨 일부터 할까요?

4 가: 출입국 관리소에 아는 사람이 있어요?
   나: 선영 씨가 _____니까 연락해 보세요.

5 가: 이 식당은 음식 맛은 좋은데 양이 너무 적어요.
   나: 맞아요. 주인이 좀 더 _____면 좋겠어요.

6 가: 민수 씨는 _____ 주위에 친구도 많고 아는 사람도 많지요?
   나: 네, 성격이 활발해서 사람 만나는 것을 좋아해요.

여러분이 대화문을 만들어 보세요.

가: _____
나: _____

07_ 발(이) 넓다   08_ 손(이) 크다

이야기해요

발(이) 넓다 / 손(이) 크다

 다음을 읽고 대화를 만들어 보세요.

동 건: 마이클 씨, 어서 오세요.
마이클: 동건 씨, 집들이에 초대해 줘서 고마워요. 이거 받으세요. 세제하고 휴지를 사 왔어요.
동 건: 고마워요. 잘 쓸게요.
마이클: 손님들이 정말 많이 왔군요. 동건 씨는 **발이 넓은** 것 같아요.

동 건: 하하, 뭘요. 배 안 고파요? 이쪽으로 와서 같이 식사해요. 음식이 입에 맞으면 좋겠어요.
마이클: 우와, 정말 맛있겠어요. 제가 좋아하는 잡채도 있네요. 근데 음식을 왜 이렇게 많이 준비했어요?
동 건: 제 아내가 **손이 커서** 그래요. 맛있게 드세요.
마이클: _____.
동 건: _____.

 질문에 대답하세요.

1 마이클은 집들이에 어떤 선물을 사 갔어요?
2 왜 그 선물을 샀을까요?
3 여러분의 나라에서는 집들이 선물로 무엇을 사요?

새 어휘   ☐ 집들이   ☐ 초대하다   ☐ 세제   ☐ 휴지   ☐ 잡채

09 한잔(을) 하다

대화

에 릭: 지영 씨, 늦어서 미안해요. 길이 복잡하네요. 오래 기다렸어요?
지 영: 아니요. 저도 방금 왔어요. 앉으세요.
에 릭: 여기 분위기가 좋군요. 여기에 자주 와요?
지 영: 네, 제가 파전을 좋아해서 자주 오는 편이에요.
에 릭: 그래요? 그럼 파전을 주문합시다. 빨리 먹고 싶어요.
지 영: 여기는 막걸리도 맛있기로 유명한데 **한잔할까요**?
에 릭: 좋아요. **한잔합시다**.

✽ 한잔(을) 하다: 가볍게 술을 마시다

활용예문

▶ 오랜만에 시원한 맥주 **한잔하는** 게 어때요?
▶ 시험 끝난 후에 **한잔하고** 싶은 사람은 나한테 연락해.
▶ 가: 오늘은 제 생일이에요.
   나: 정말 축하해요. 그럼 우리 **한잔하러** 갈까요?

새 어휘와 문형

☐ 복잡하다 ☐ 기다리다 ☐ 방금 ☐ 파전 ☐ 주문하다
☐ 막걸리   ☐ 한잔   ☐ 오랜만 ☐ 연락하다 ☐ -기로 유명하다

함께해요

 초대장을 보고 친구와 같이 이야기해 보세요.

♡ 초대장 ♡

친구들아! 내 생일 파티에 초대할게. 바쁘지 않으면 같이 한잔하자.

☆일시 : 20△△년 △월 △일 오후 △시
☆장소 : 한국대학교 동문 앞 '한잔해 호프집'
☆약도

❶ 위의 초대장을 보고 생일 파티에 친구를 초대해 보세요.
❷ 여러분의 생일 파티 초대장을 만들어 봅시다.

한 걸음 더

▶ 한잔(을) 걸치다(=)   오늘 월급날이라서 친구들과 **한잔 걸치고** 왔다.
▶ 잔(을) 올리다(⇨)   술을 드리다
　　　　　　　　　선생님, 제가 **한 잔 올리겠습니다**.

▶ 한   • 우체국까지 한 20분쯤 걸릴 거예요.
　　　• 우리는 한 집에 살지만 자주 못 만나요.
　　　• 한 마을에 마음씨 착한 노인이 살았습니다.

10 한턱(을) 내다

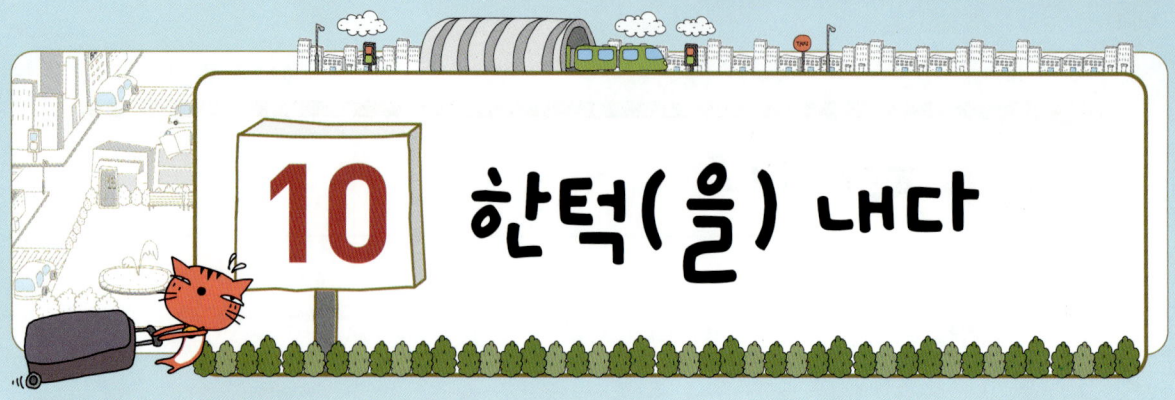

10 한턱(을) 내다 _45

대화

아사코: 민수 씨, 이번에도 장학금을 받는다고 들었어요. 축하해요.
민 수: 고마워요. 아사코 씨는 시험 잘 봤어요?
아사코: 아니요. 저는 엉망이에요. 그래서 기분이 별로 좋지 않아요.
민 수: 힘내세요. 다음 시험은 잘 볼 수 있을 거예요. 우리 같이 공부해요. 제가 도와줄게요.
아사코: 정말요? 고마워요. 아, 민수 씨가 오늘 **한턱내면** 제 기분이 좋아질 것 같은데요.
민 수: 하하하, 좋아요. 뭐 먹고 싶어요?

✽ 한턱(을) 내다: 음식이나 술을 대접하다

활용예문

▶ 오늘 회사에서 보너스를 받았어요. 제가 **한턱낼게요**.
▶ 저번에는 현정 씨가 **한턱냈으니까** 오늘은 제가 **한턱낼게요**.
▶ 가: 이번에 회사에 취직했어요.
  나: 정말 축하해요. 그럼 **한턱내야겠네요**.

새 어휘와 문형

☐ 장학금   ☐ 축하하다   ☐ 엉망이다   ☐ 힘내다   ☐ 내다
☐ 보너스   ☐ 취직하다   ☐ -것 같다

함께해요

 친구들과 재미있는 '끝말잇기' 게임을 해 보세요.

> **게임설명**
> - 한 사람이 단어를 말하면 나머지 사람은 다같이 5, 4, 3, 2, 1을 크게 말하세요.
> - 옆 사람은 5초 안에 다음 단어를 말하세요.
> - 5초 안에 다음 단어를 말하지 못하면 한턱내야 해요.

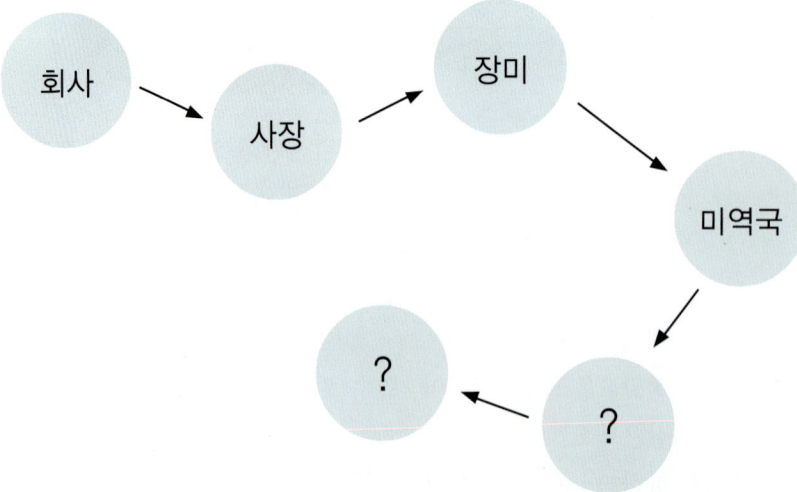

한 걸음 더

▶ 한턱(을) 쓰다(=)   오늘 기분이 좋으니까 제가 **한턱** 쏠게요.

▶ 내다
- 학생증과 사진 두 장을 내일까지 내세요.
- 수업 시간에 떠들어서 선생님께서 화를 냈어요.
- 아르바이트 때문에 시간 내기가 힘들어요.

연습해요

09_ 한잔(을) 하다 **10_** 한턱(을) 내다

보기의 관용어를 넣어서 대화를 만들어 보세요.

> **보기**
> 한잔을 하다   잔을 올리다   한턱을 내다

1 가: 민수 씨, 이번에 시험을 잘 보면 _____.

　나: 네, 알겠어요. 기대하세요.

2 가: 교수님, 제가 _____.

　나: 그래. 한 해 동안 고생 많았어.

3 가: 오늘 제 생일인데 같이 저녁 먹을까요?

　나: 좋아요. 수진 씨가 _____. 그럼 저는 영화를 보여 줄게요.

4 가: 오랜만에 만났는데 _____.

　나: 좋아요. 그런데 맥주를 마실까요? 소주를 마실까요?

5 가: 어제 저녁에 전화도 안 받고 어디에서 뭐 했어요?

　나: 기분이 안 좋아서 친구들과 _____고 있었어요.

여러분이 대화문을 만들어 보세요.

가: _____

나: _____

09_ 한잔(을) 하다   10_ 한턱(을) 내다

이야기해요

한잔(을) 하다 / 한턱(을) 내다

 다음을 읽고 대화를 만드세요.

준기: 사라 씨, 오늘 시간 있어요? 부모님 선물을 사러 백화점에 가는데 같이 갈래요?

사라: 좋아요. 그런데 오늘이 부모님 결혼기념일이에요?

준기: 아니요. 사실은 첫 월급을 받았어요. 한국에서는 첫 월급을 받으면 부모님께 속옷을 선물해요.

사라: 그래요? 재미있네요. 그럼 같이 백화점에 가 주면 **한턱낼** 거예요?

준기: 물론이지요. 사라 씨, 같이 **한잔하는** 게 어때요? 분위기 좋은 곳을 알고 있어요.

사라: 나는 맥주 마시는 것보다 준기 씨하고 영화를 보고 싶은데요.

준기: _____.

사라: _____.

 질문에 대답하세요.

1. 준기는 왜 백화점에 가요?
2. 준기는 사라에게 왜 한턱을 내려고 해요?
3. 여러분 나라에는 첫 월급을 받으면 어떻게 해요?

새 어휘   □ 결혼기념일   □ 월급   □ 속옷

11 가슴(이) 찡하다

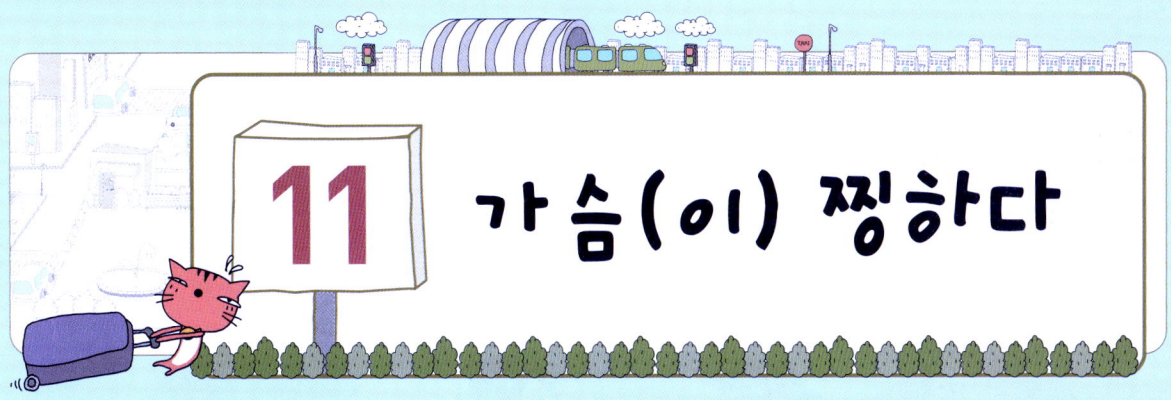

대화

지 영: 민수야! 시간이 있으면 같이 영화나 한 편 보자.
민 수: 좋아. 우리 '태극기 휘날리며'라는 영화를 보는 게 어때?
　　　 참 감동적인 영화라고 들었어.
지 영: 난 그 영화 벌써 두 번이나 봤는데 볼 때마다 **가슴이 찡했어**.
민 수: 어떤 내용인지 정말 궁금해.
지 영: 한국전쟁을 배경으로 한 형제의 이야기인데 동생을 구하기 위해 형이
　　　 죽는 장면은 **가슴 찡했어**.
민 수: 그 영화를 빨리 봤으면 좋겠다. 나랑 한 번 더 보면 어때?
지 영: 뭐라고?

✽ 가슴(이) 찡하다: 감동하다

활용예문

▶ 외국에서 '아리랑'을 들으면 **가슴이 찡해져요**.
▶ 30년 만에 어머니를 만난 딸의 이야기를 듣고 정말 **가슴이 찡했어요**.
▶ 가: 어제 그 드라마 봤어? 주인공의 사랑 고백은 감동적이었어.
　　나: 맞아. 나도 그거 보고 **가슴이 찡했어**.

새 어휘와 문형

☐ 편　　☐ 감동적　　☐ 찡하다　　☐ 내용　　☐ 궁금하다　　☐ 전쟁　　☐ 배경
☐ 구하다　☐ 장면　　☐ 만에　　☐ 드라마　　☐ 주인공　　☐ 고백　　☐ -기 위해(서)

11 가슴(이) 찡하다 _51

 다음은 민지가 생각하는 가슴이 찡한 영화들이에요. 영화 포스터를 보면서 이 영화들에 대해서 이야기해 보세요.

  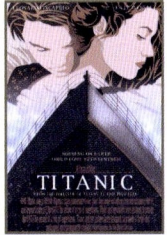 

이 영화의 제목과 감독은…?
이 영화에 나오는 배우는…?
이 영화의 줄거리는…?
이 영화의 명장면은…?
정말 가슴이 찡한 영화들이에요.

 여러분이 본 영화 중에서 가슴이 찡한 영화는 무슨 영화였어요? 그 이유는 뭐예요?

한 걸음 더

▶ 코끝이 찡하다(=) 고향에서 온 어머니의 편지를 읽고 **코끝이 찡해졌어요**.
▶ 가슴(이) 아프다(⇨) **슬프거나 안타깝다**
  병원에 누워 있는 친구를 보니 **가슴이 너무 아팠다**.
▶ 찡하다 • 그 소설책을 읽고 찡한 감동을 받았다.

12 발(을) 벗고 나서다

12 발(을) 벗고 나서다

대화

지 영: 에릭 씨, 이 신문 기사 좀 보세요.
에 릭: 어디요? 재미있는 기사라도 있어요?
지 영: 아뇨, 가슴 따뜻한 얘기가 있어서요. 어느 할머니께서 20년 동안 **발 벗고 나서서** 가난한 학생들을 도와주었대요.
에 릭: 그렇군요. 힘들게 번 돈을 장학금으로 내셨다니 정말 훌륭하신 분이네요.
지 영: 네, 맞아요. 요즘 같은 세상에 쉽지 않은 일이에요.
에 릭: 우리도 이 할머니처럼 어려운 친구가 있으면 **발 벗고 나서서** 도와주기로 해요.

✻ 발(을) 벗고 나서다: 어떤 일을 하기 위해 적극적으로 행동하다

활용예문

▶ 민수는 어떤 어려운 일에도 **발 벗고 나선다**.
▶ 많은 사람들이 홍수로 피해가 큰 지역을 위해 **발 벗고 나섰다**.
▶ 가: 어떤 사람이 대통령이 되면 좋을까?
　나: 국민을 위해 **발 벗고 나서서** 일할 수 있는 사람이면 좋겠어.

새 어휘와 문형

☐ 신문 기사　☐ 나서다　☐ 가난하다　☐ 벌다　☐ 훌륭하다　☐ 세상　☐ 홍수
☐ 피해　☐ 지역　☐ 대통령　☐ 국민　☐ -다니

# 함께해요

 그림을 보고 친구와 같이 이야기해 보세요.

첫눈이 오는 날 승우는 여자 친구와 멋진 데이트를 하기로 약속을 했습니다. 그런데…

 여러분에게도 승우와 같은 상황이 일어난다면 어떻게 할 거예요? 발 벗고 나서서 할머니를 도와 드릴 거예요? 아니면 여자 친구와의 약속을 지킬 거예요?

한 걸음 더

▶ 팔(을) 걷고 나서다 (=)   모든 주민들이 **팔 걷고 나서서** 어려운 이웃을 돕고 있다.
▶ 팔짱만 끼고 있다 (↔)   **팔짱만 끼고 있지** 말고 같이 문제를 해결하자.
▶ 나서다
  • 여행을 마치고 공항을 나섰어요.
  • 그 일에는 별로 나서고 싶지 않아요.

연습해요

11_ 가슴(이) 찡하다   12_ 발(을) 벗고 나서다

 보기의 관용어를 넣어서 대화를 만들어 보세요.

> **보기**
> 가슴이 찡하다   가슴이 아프다   발을 벗고 나서다   팔짱만 끼고 있다

1 가: 친구가 많이 다쳐서 _____.

   나: 너무 걱정하지 마세요. 곧 나을 거예요.

2 가: 요즘은 다른 사람의 일에 _____ 도와주려는 사람이 없는 것 같아요.

   나: 맞아요. 모두 자기 일이 바쁘니까요.

3 가: 뉴스에서 들었는데 지하철 사고가 나서 많은 사람들이 다쳤대요.

   나: _____ 소식이네요.

4 가: _____ 멜로 영화 한 편 소개해 주세요.

   나: 글쎄요. 저는 멜로 영화는 별로 좋아하지 않아서 잘 모르겠어요.

5 가: 그 영화배우는 _____ 눈물 연기를 정말 잘해요.

   나: 그래서 에릭 씨가 그 배우를 아주 좋아하는군요.

6 가: 모두 열심히 일하고 있는데 너 혼자 _____고 있을 거야?

   나: 알았어. 지금 할 거야.

 여러분이 대화문을 만들어 보세요.

가: _____

나: _____

가슴(이) 찡하다 / 발(을) 벗고 나서다

 다음을 읽고 대화를 만들어 보세요.

왕방: 승우 씨가 병원에 입원했다고 해요.
제니: 네? 어디가 아픈데요?
왕방: 며칠 전에 태풍으로 집을 잃은 사람들을 **발 벗고 나서서** 도와주다가 팔을 다쳤대요.
제니: 어머, 승우 씨에게 그런 일이 있었어요?
왕방: 게다가 감기도 심하게 걸려서 밥도 잘 못 먹는다고 해요.
제니: 자신도 힘든데 늘 남을 위해 봉사하는 승우 씨를 보면 **가슴이 찡해요**.
왕방: 이따가 병원에 가 봐야겠어요. 제니 씨도 같이 갈 거지요?
제니: 그럼요.
왕방: _____.
제니: _____.

 질문에 대답하세요.

1 승우는 왜 병원에 입원했어요?
2 제니가 가슴이 찡한 이유는 뭐예요?
3 여러분은 어떤 일에 발 벗고 나서 본 적이 있어요?

새 어휘   ☐ 입원하다   ☐ 태풍   ☐ 잃다   ☐ 심하다   ☐ 봉사하다

13 골치(가) 아프다

대화

지 영: 제니 씨는 올해 가장 기억에 남는 일이 뭐예요?

제 니: 한국에 와서 좋은 사람들을 만난 거예요. 모두 지영 씨가 도와준 덕분이에요. 지영 씨는 무슨 일이 기억에 남아요?

지 영: 저는 좋은 일보다는 **골치 아픈** 일들이 많았던 것 같아요. 그리고 입사 시험에 떨어져서 아쉬웠던 일도 있었고요.

제 니: 합격했으면 좋았을 텐데……. 내년엔 꼭 취직하게 될 테니까 힘내세요.

지 영: 고마워요. 자, 우리 **골치 아픈** 일은 모두 잊어버리고 기분 좋게 새해를 맞이해요.

제 니: 그래요. 아자! 아자! 파이팅!

✲ 골치(가) 아프다: 일을 해결하기 어려워서 머리가 아프다

활용예문

▶ 회사 일이 많아서 정말 **골치가 아파요**.
▶ **골치 아픈** 이야기는 그만하고 한잔하러 갑시다.
▶ 가: 세탁기가 자꾸 고장이 나서 **골치가 아파요**.
　나: 산 지 오래 되었으니까 이번에 새로 사는 게 어때요?

새 어휘와 문형

☐ 기억　　☐ 덕분　　☐ 골치　　☐ 아프다　　☐ 입사 시험　　☐ 떨어지다
☐ 아쉽다　☐ 합격하다　☐ 맞이하다　☐ 파이팅　☐ 그만하다　☐ 자꾸
☐ 고장(이) 나다　☐ -았/었던

함께해요

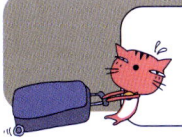

 크리스 씨는 요즘 골치 아픈 일이 너무 많습니다. 여러분의 조언이 필요합니다.

골칫거리 1 약속을 지키지 않아서 여자 친구가 화가 많이 났어요.
이제는 여자 친구가 전화도 받지 않아요. 어떻게 하면 좋을까요?

조　　언 _____.

골칫거리 2 오랜만에 만난 친구가 돈을 빌려 달라고 해요.
별로 친하지 않은 친구라서 망설여져요. 어떻게 하면 좋을까요?

조　　언 _____.

골칫거리 3 기숙사 룸메이트가 밤늦게까지 컴퓨터 게임을 해요.
너무 시끄러워서 잠을 잘 수가 없어요. 어떻게 하면 좋을까요?

조　　언 _____.

 여러분의 골칫거리는 무엇입니까? 친구에게 이야기하고 조언을 들어 보세요.

한 걸음 더

▶ 골치(를) 앓다(=)　　주택가에 사는 사람들은 주차 문제로 **골치를 앓고** 있다.
▶ 골칫덩어리(⇨)　　**말썽꾸러기**
　　　　　　　　　　매일 지각하고 수업 시간에 조는 **골칫덩어리**는 누구일까요?

▶ 아프다　　　　　　• 머리가 아프고 콧물이 나요.
　　　　　　　　　　• 가족이 있지만 혼자 사는 노인들을 보면 마음이 아파요.

14 굴뚝같다

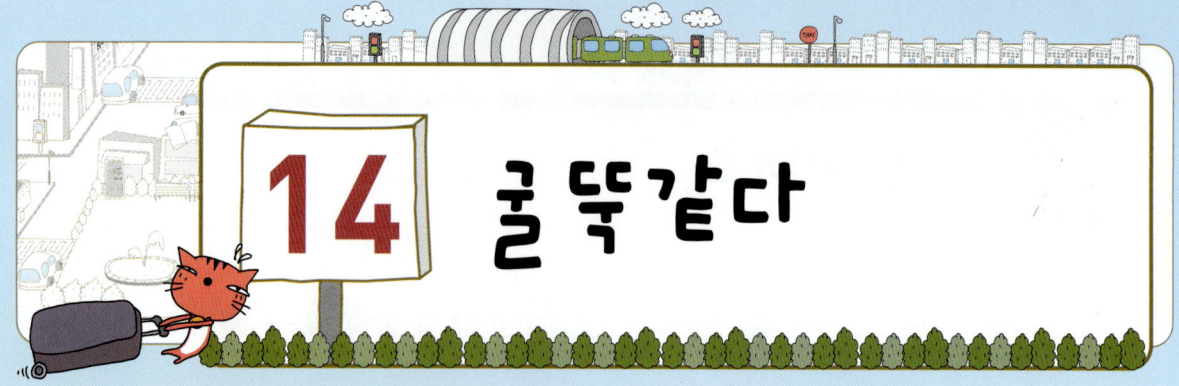

대화

제 니: 민수 씨, 아까 영화 보다가 졸았지요? 어제 늦게까지 공부했어요?

민 수: 아뇨, 며칠 전부터 새벽에 아버지하고 조깅을 시작했는데요. 새벽에 일어나기 힘들어 죽겠어요. 그리고 하루 종일 졸려요.

제 니: 처음에는 다 그래요. 일찍 일어나기는 힘들겠지만 건강에도 좋고 아침마다 아버지하고 이야기도 할 수 있어서 좋잖아요.

민 수: 그건 그렇지만 새벽마다 5분만 더 자고 싶은 생각이 **굴뚝같아요**. 아참, 제니 씨도 같이 조깅하는 게 어때요?

제 니: 미안해요. 같이 하고 싶은 마음은 **굴뚝같지만** 미인은 잠꾸러기잖아요. 호호호.

✶ 굴뚝같다: 무엇을 하고 싶은 마음이 간절하다

활용예문

▸ 고향에 돌아가고 싶은 마음은 **굴뚝같지만** 공부가 끝날 때까지 참기로 마음먹었다.

▸ 그 친구에게 사과하고 싶은 마음은 **굴뚝같은데** 말하기가 쉽지 않아요.

▸ 가: 제가 만든 케이크 좀 드셔 보세요.
  나: 먹고 싶은 마음은 **굴뚝같지만** 다이어트를 해야 해요.

새 어휘와 문형

☐ 졸다 ☐ 새벽 ☐ 조깅 ☐ 졸리다 ☐ 굴뚝 ☐ 같다 ☐ 미인
☐ 잠꾸러기 ☐ 참다 ☐ 사과하다 ☐ 다이어트 ☐ -다가

 그림을 보고 이야기 해 보세요. 이 사람들은 지금 무엇을 하고 싶은 마음이 굴뚝같을까요?

 여러분은 지금 무엇을 하고 싶은 마음이 굴뚝같아요?

한 걸음 더

▶ 같다
- 외모는 다르지만 성격은 같은 두 사람이에요.
- 매일 크리스마스 같은 날이면 좋겠어요.
- 곧 비가 올 것 같으니까 우산을 준비하세요.

연습해요

13_ 골치(가) 아프다 **14_** 굴뚝같다

 보기의 관용어를 넣어서 대화를 만들어 보세요.

| 보기 | 골치가 아프다 | 골칫덩어리 | 굴뚝같다 |

1 가 : 이번 휴가에 제주도로 여행 가는 게 어때요?

   나 : 가고 싶은 마음은 _____지만 할 일이 많아서 못 가요.

2 가 : 요즘 신문에는 _____ 기사가 너무 많아요.

   나 : 맞아요. 신문을 볼 때마다 답답해요.

3 가 : 개가 너무 시끄럽게 짖네요.

   나 : 저 개는 우리 동네 _____지만 집을 잘 지켜요.

4 가 : 연말에 일이 많아서 _____.

   나 : 제가 도와드릴 일이 있으면 말씀해 주세요.

5 가 : 오늘도 부장님께 혼났어요?

   나 : 네, 일을 그만두고 싶은 마음은 _____지만 가족들을 생각해야겠지요.

여러분이 대화문을 만들어 보세요.

가 : _____

나 : _____

13_ 골치(가) 아프다   14_ 굴뚝같다

골치(가) 아프다 / 굴뚝같다

 다음을 읽고 대화를 만들어 보세요.

선희: 승우 씨, 웬 고양이에요?
승우: 그저께 길에서 우연히 발견했어요.
선희: 어머, 참 귀엽네요.
승우: 그런데 키울 사람이 없어서 걱정이에요. 제가 키우고 싶은 마음은 **굴뚝같은데** 부모님께서 고양이를 싫어하셔서 키울 수가 없어요. 선희 씨, 혹시 이 고양이 키울 수 있어요?
선희: 어떡하죠? 저는 기숙사에서 사니까 동물을 못 키워요.
승우: 어쩔 수 없지요. 제 친구들에게도 모두 연락했는데 이 고양이를 맡을 사람이 없어요. 그렇다고 버릴 수도 없고 정말 **골치가 아파요**.
선희: _____.
승우: _____.

 위의 대화문을 읽고 질문에 대답하세요.

1 승우는 무엇 때문에 골치가 아파요?
2 선희는 왜 고양이를 키울 수가 없어요?
3 여러분은 길에서 우연히 고양이나 강아지를 발견한다면 어떻게 할 거예요?

새 어휘   ☐ 웬 ☐ 우연히 ☐ 발견하다 ☐ 키우다 ☐ 혹시 ☐ 맡다 ☐ 버리다

15 국수(를) 먹다

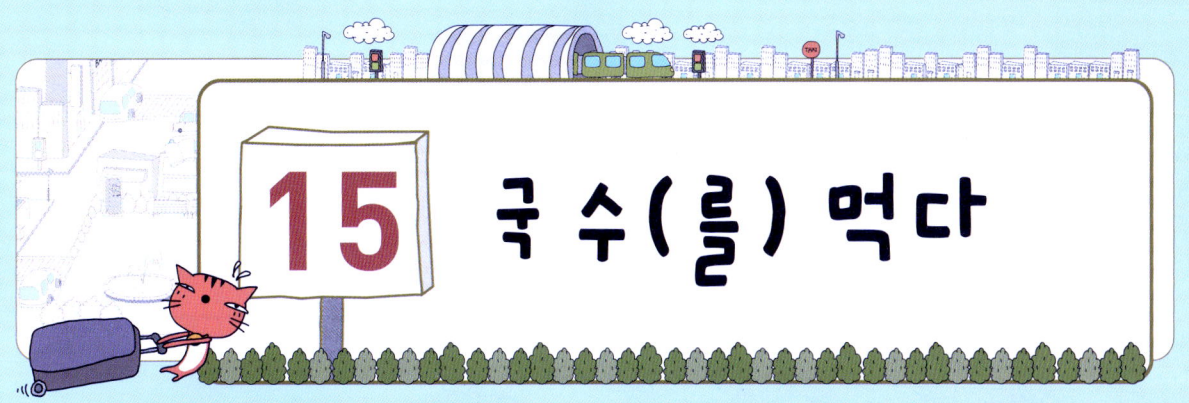

대화

에 릭: 며칠 후면 추석인데 지영 씨도 고향에 가요?
지 영: 네, 그런데 벌써부터 가슴이 답답해요. 어휴.
에 릭: 왜 한숨을 쉬어요? 가족과 친척들이 모이면 즐겁고 좋지 않아요?
지 영: 즐겁고 좋기는 하지만 명절 때마다 친척들이 제게 언제 **국수 먹게** 해 주느냐고 묻거든요. 올해도 그 말을 들을까 봐 걱정이에요.
에 릭: 지영 씨 국수 만드는 솜씨가 좋은가 봐요.
지 영: 네? 그게 아니에요. **국수를 먹는다는** 말은 결혼을 한다는 뜻이에요.

✻ 국수(를) 먹다: 다른 사람이 결혼해서 대접을 받다

활용예문

▶ 누나가 가장 듣기 싫어하는 말은 언제 **국수를 먹게** 해 줄 거냐는 말이다.
▶ 두 분 정말 잘 어울려요. 올해는 **국수 먹게** 해 줄 거예요?
▶ 가: 어제 남자 친구한테서 청혼을 받았어요.
　나: 그럼 이제 **국수 먹게** 되는 거예요?

새 어휘와 문형

□ 추석　　□ 답답하다　　□ 한숨(을) 쉬다　　□ 친척　　□ 명절　　□ 국수
□ 솜씨　　□ 어울리다　　□ 청혼(을) 받다　　□ -냐고 묻다

15 국수(를) 먹다 _67

 함께해요

 여러분의 멋진 결혼식을 상상해 보세요.

❶ 어떤 사람과 결혼을 하고 싶어요?
❷ 언제쯤 결혼을 하고 싶어요?
❸ 어디에서 결혼식을 하고 싶어요?
❹ 어떻게 결혼식을 하고 싶어요?
❺ 신혼여행은 어디로 가고 싶어요?

 여러분의 청첩장을 만들어 보세요.

♡ 모시는 말씀 ♥
_____
_____
저희 두 사람의 결혼을 축하해 주시기 바랍니다.
○○○ ♥ ○○○

• 일시 : _____
• 장소 : _____
• 약도

한 걸음 더

▶ 날(을) 잡다(⇨) 날짜를 정하다
    이번 여름에는 **날 잡아서** 제주도에 가는 게 어때요?
▶ 시집(을) 가다(⇨) 여자가 결혼하다
    이모는 **시집갈** 나이가 되었는데 결혼할 생각이 없어요.
▶ 장가(를) 가다(⇨) 남자가 결혼하다
    남자들은 예쁘고 마음씨 착한 여자한테 **장가가고** 싶어한다.

16 배(가) 아프다

16 배(가) 아프다

대화

마리오: 아사코 씨, '흥부와 놀부'라는 옛날이야기 알아요?
아사코: 욕심 많은 형 놀부와 마음씨 착한 동생 흥부의 이야기 맞지요?
마리오: 네, 박에서 도깨비가 나오는 부분이 아주 재미있었어요.
아사코: 도깨비가 나와요? 오래 전에 읽어서 기억이 잘 안 나요.
마리오: 도깨비가 욕심 많은 형에게 벌을 주잖아요.
아사코: 아! 이제 생각났어요. 놀부는 동생이 부자가 된 것을 **배 아파했지요**? 그래서 일부러 제비의 다리를 부러뜨렸고요.
마리오: 맞아요. 사실은 저도 아사코 씨가 한국어 시험에서 100점을 받을 때마다 **배가 아팠어요**.
아사코: 하하하, 그랬어요? 마리오 씨, 도깨비를 만나지 않도록 조심하세요.

✽ 배(가) 아프다: 남이 잘되는 것에 질투가 나다

활용예문

▶ 여자들에게 인기가 많은 그 남자를 보니 **배가 아파요**.
▶ 한국 속담에는 '사촌이 땅을 사면 **배가 아프다**'라는 말이 있다.
▶ 가: 옆집 사람이 복권에 당첨됐다고 해요.
   나: 정말이에요? 축하할 일이지만 솔직히 **배가 좀 아픈데요**.

새 어휘와 문형

☐ 욕심 ☐ 마음씨 ☐ 박 ☐ 도깨비 ☐ 부분 ☐ 벌 ☐ 배 ☐ 일부러
☐ 제비 ☐ 부러뜨리다 ☐ 속담 ☐ 복권 ☐ 당첨되다 ☐ 솔직히 ☐ -도록

 함께해요

 '금도끼 은도끼' 이야기의 그림을 보고 친구와 같이 이야기해 보세요.

착한 나무꾼이 나무를 하다가 쇠도끼를 물에 빠뜨립니다. 하지만 나무꾼의 정직한 행동으로 금도끼와 은도끼, 쇠도끼를 모두 얻게 된다는 이야기입니다.

 한편 나무 뒤에서 이 모습을 지켜보며 배 아파하던 나쁜 나무꾼에게는 어떤 일이 일어났을까요? 여러분이 다음 이야기를 상상해 보세요.

한 걸음 더

▶ 배꼽(을) 잡다(⇨)   너무 우스워서 배를 잡고 웃다
  어제 본 영화는 너무 재미있어서 **배꼽을 잡고** 웃었어요.
▶ 배(가) 부르다(⇨)   ①아쉬울 것이 없다 ②임신하다
  먹을 것이 없어 굶는 아이들도 있는데 음식을 버리다니 **배가** 많이 **불렀구나**.
▶ 배
  • 배를 타고 세계 일주를 하는 것이 제 소원입니다.
  • '나주 배'가 맛있기로 유명해요.
  • 살이 쪄서 몸무게가 두 배나 늘었어요.

연습해요

15_ 국수(를) 먹다 **16_** 배(가) 아프다

 보기의 관용어를 넣어서 대화를 만들어 보세요.

보기			
국수를 먹다	날을 잡다	배가 아프다	배꼽을 잡다

1 가 : 어제 그 코미디 프로그램 봤어?

　 나 : 응. 너무 재미있어서 _____고 웃었어요.

2 가 : 왜 그렇게 늦게 _____?

　 나 : 결혼을 많이 하는 달이라서 결혼식장을 빌릴 수가 없었어요.

3 가 : 승우 씨가 이번에 대기업에 취직했다지요?

　 나 : 네, 나보다 학점도 좋지 않은데 정말 _____.

4 가 : 언제까지 연애만 하실 거예요?

　 나 : 조금만 기다려 주세요. 올해 안에 _____.

5 가 : 친구에게 좋은 일이 생기면 가끔 _____ 때가 있어요.

　 나 : 맞아요. 저도 그런 일이 있었어요.

6 가 : 언제쯤 _____?

　 나 : 저도 결혼하고 싶은 마음은 굴뚝같지만 좋은 사람이 없네요.

 여러분이 대화문을 만들어 보세요.

가 : _____

나 : _____

이야기해요

15_ 국수(를) 먹다 **16_** 배(가) 아프다

국수(를) 먹다 / 배(가) 아프다

 다음을 읽고 대화를 만들어 보세요.

케빈: 민지 씨, 무슨 일로 정장을 입었어요? 정말 예쁜데요.
민지: 오늘 친구 결혼식에 다녀왔거든요.
케빈: 그래요? 신랑과 신부는 어땠어요? 물론 멋있고 아름다웠지요?
민지: 네, 친구 신랑이 너무 멋있었어요. 나는 아직 남자 친구도 없는데 친구는 멋진 남자와 결혼하니까 **배가 아파** 죽겠어요.
케빈: 배가 아파요? 결혼식장에서 음식을 잘못 먹었어요?
민지: 아니요. 그런 말이 아니라 질투가 난다는 뜻이에요.
케빈: 아, 몰랐어요. 재미있는 표현이네요.
민지: 그리고 얼떨결에 부케를 받았는데 사람들이 언제 **국수를 먹게** 해줄 거냐고 물어 봐서 곤란했어요.
케빈: _____.
민지: _____.

 위의 대화문을 읽고 질문에 대답하세요.

1 민지는 무슨 일로 배가 아팠어요?
2 민지는 부케를 받고 왜 곤란해 했어요?
3 여러분은 친구의 좋은 일에 배가 아픈 적이 있었어요?

새 어휘   ☐ 정장   ☐ 신랑   ☐ 신부   ☐ 얼떨결   ☐ 부케   ☐ 곤란하다

17 귀가 가렵다

대화

제 니: 어제 가수 '비' 콘서트에 잘 갔다 왔어요?
지 영: 아니요. 같이 가기로 한 민수가 연락도 없이 안 와서 못 갔어요.
제 니: 민수 씨는 가끔 약속을 잘 안 지켜요. 예전에 나도 이런 비슷한 일이 있었는데 민수 씨가 말도 안 되는 변명을 해서 화를 낸 적이 있어요.
지 영: 정말요? 사실 나도 민수가 약속을 잘 안 지키는 사람인 줄 몰랐어요. 그래서 이번에 민수에게 좀 실망했어요.
제 니: 우리가 계속해서 이런 말을 하면 민수 씨 **귀가 가렵겠지요**?
지 영: 맞아요. 그런데 왜 갑자기 제 **귀도 가려울까요**?
제 니: 하하하, 민수 씨도 지영 씨 얘기를 하고 있나 봐요.

✱ 귀가 가렵다: 다른 사람이 자기에 대해서 말하고 있는 것처럼 느끼다

활용예문

▶ 남이 자기에 대해 나쁘게 말할 때는 왼쪽 **귀가 가렵다**고 말해요.
▶ 그 선배 얘기는 이제 그만하자. 지금쯤 **귀가 가려울** 거야.
▶ 가: 왜 이렇게 **귀가 가렵지**?
  나: 누가 네 얘기를 하고 있나 봐.

새 어휘와 문형

☐ 콘서트　☐ 예전　☐ 변명하다　☐ 실망하다　☐ 계속하다　☐ 가렵다
☐ 갑자기　☐ 선배　☐ -나 보다

함께해요

 여러분은 주위 사람들에 대해 이야기를 많이 하는 편이에요? 아래의 사람들은 누군가에 대해서 이야기하고 있어요. 그림을 보고 친구와 이야기해 보세요.

 제 남자 친구는 키도 크고 얼굴도 잘 생기고 성격도 좋아요. 하지만 돈을 잘 안 써요. 그동안 한 번도 선물을 받은 적이 없어요. 제 친구들은 모두 남자 친구에게서 받은 선물을 자랑하는데 저만 늘 할 얘기가 없어요.

 우리 반 한국어 선생님은 참 친절하고 수업도 잘 하십니다. 하지만 매일 숙제를 너무 많이 내 주셔서 친구를 만날 시간이 없어요. 게다가 시험도 자주 보는 편이라서 늘 긴장이 돼요.

 우리 남편은 일도 열심히 하고 아이들과도 잘 놀아주는 좋은 남편이에요. 하지만 술과 담배를 너무 좋아해서 큰일이에요. 특히 요즘은 밤늦게까지 친구들과 술을 마시고 집에 들어와요.

 여러분도 누군가에 대해서 이야기해 보세요.

한 걸음 더

▶ 귀가 간지럽다(=)
▶ 귀(가) 아프다(⇨)

너희들이 내 얘기를 하고 있었구나. 아까부터 계속 **귀가 간지러웠어**.
시끄러운 소리를 듣거나 같은 소리를 반복해서 들어서 싫증이 나다
공부하라는 엄마의 잔소리를 **귀가 아프게** 들었어요.

▶ 가렵다

• 모기한테 물린 데가 계속 가려워요.
• 사람들의 가려운 데를 긁어 주는 좋은 드라마였어요.

18 얼굴(이) 두껍다

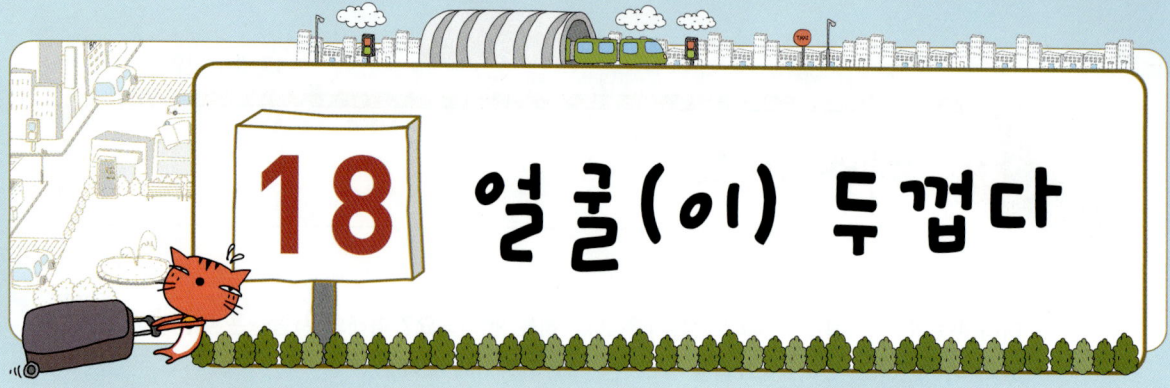

18 얼굴(이) 두껍다

대화

어머니: 지영아, 드라마 할 시간이니까 스포츠 뉴스 그만 보고 채널 좀 돌려봐.
지 영: 네, 알았어요. 어, 요즘 저 배우가 드라마에 다시 나와요?
어머니: 그럼. 잘생겼고 연기도 잘하잖아.
지 영: 그게 아니라 몇 달 전에 음주 운전으로 구속되었다고 하던데 이렇게 빨리 텔레비전에 나올 줄 몰랐어요.
어머니: 그래? 한 번쯤 실수할 수도 있는 거야. 잘못을 알고 많이 반성했겠지.
지 영: 아니에요, 엄마. 얼마나 **얼굴이 두꺼운** 사람인데요. 음주 운전으로 구속된 게 이번이 세 번째예요. 저 배우는 좀 더 반성해야 해요.

✱ 얼굴(이) 두껍다: 창피하거나 부끄러운 것을 모르다

활용예문

▶ 물건을 팔려면 가끔은 **얼굴이 두꺼워야** 해요.
▶ 공공장소에서 침을 뱉다니 **얼굴이** 참 **두꺼운** 것 같아요.
▶ 가: 여기는 금연석인데 저 남자는 계속 담배를 피우고 있어요.
　나: 참 **얼굴 두꺼운** 사람이네요.

새 어휘와 문형

☐ 채널　　☐ 음주 운전　　☐ 구속되다　　☐ 실수하다　　☐ 반성하다
☐ 얼마나　☐ 두껍다　　　☐ 공공장소　　☐ 침　　　　　☐ 뱉다
☐ 금연석　☐ -다고 하던데

 이경미 씨는 얼굴이 참 두꺼운 사람이에요. 아래의 그림을 보고 그 이유를 이야기해 보세요.

보기

경미 씨는 얼굴이 참 두꺼워요.
왜냐하면 사람들이 많은 버스 안에서 남자 친구와 키스를 해요.

_____
_____

_____
_____

_____
_____

 여러분 주위에는 얼굴 두꺼운 사람이 있어요? 만약 있다면 그 사람의 어떤 행동 때문에 그렇게 생각해요?

한 걸음 더

▶ 얼굴에 철판(을) 깔다(=)   외국어를 배울 때는 **얼굴에 철판을 깔고** 말할 수 있는 용기가 필요해요.

▶ 얼굴(을) 내밀다(⇨)   **참석하다**
민지는 친구 결혼식에 잠깐 **얼굴을 내밀고** 바로 떠났다.

▶ 두껍다
• 밖이 추우니까 나갈 때는 두꺼운 옷을 입으세요.
• 왜 그렇게 사과 껍질을 두껍게 깎아요?

17_ 귀가 가렵다   **18_** 얼굴(이) 두껍다

연습해요

 보기의 관용어를 넣어서 대화를 만들어 보세요.

> **보기**
>
> 귀가 가렵다   귀가 아프다   얼굴이 두껍다   얼굴을 내밀다

1 가 : 내일까지 그 책을 꼭 가져 와.

　나 : 알았어. 그 말을 너무 많이 들어서 _____.

2 가 : 크리스 씨가 수료식에도 _____지 않았어요.

　나 : 아마 사정이 있어서 고향으로 돌아갔나 봐요.

3 가 : 정호가 커닝을 해서 시험을 잘 쳤다고 해. 그래서 장학금도 받는대.

　나 : 정말? 정호가 그렇게 _____ 사람인 줄 몰랐어.

4 가 : 일본에서는 다른 사람이 자기 얘기를 하면 재채기가 나온다고 해요.

　나 : 그래요? 재미있네요. 한국에서는 _____다고 말해요.

5 가 : 저 사람이 민수 씨 집 앞에 쓰레기를 몰래 버리는 사람이에요?

　나 : 네, 맞아요. 얼마나 _____ 사람인데요.

6 가 : 왕방 씨 남자 친구가 잘생겼다고 _____게 들었어.

　나 : 그랬어? 한번 만나 보고 싶네. 어떤 사람이야?

여러분이 대화문을 만들어 보세요.

가 : _____

나 : _____

17_ 귀가 가렵다 **18_** 얼굴(이) 두껍다

이야기해요

귀가 가렵다 / 얼굴(이) 두껍다

다음을 읽고 대화를 만들어 보세요.

제니: 민지 씨, 교수님께서 내 주신 과제는 끝냈어요?
민지: 네, 며칠 동안 밤새워서 겨우 다 했어요.
제니: 우리 팀은 수빈 씨가 준비를 많이 해서 빨리 끝났어요.
민지: 부러워요. 우리 팀은 나 혼자 준비 했어요. 경미 씨는 요즘 연애하느라고 과제에는 관심이 없거든요. 그래서 많이 힘들었어요.
제니: 그랬군요. 내가 이런 말을 하면 경미 씨 **귀가 가렵겠지만** 경미 씨는 책임감이 조금 부족한 것 같아요.
민지: 그리고 교수님께는 혼자서 과제를 준비했다고 말한 거예요. 그때는 정말 화가 났어요.
제니: 그래요? 어떻게 그럴 수가 있어요? 경미 씨는 **얼굴도** 참 **두껍네요**. 마음이 넓은 민지 씨가 이해하세요.
민지: _____.
제니: _____.

질문에 대답하세요.

1 민지는 왜 힘들었어요?
2 제니는 경미의 귀가 왜 가렵겠다고 말했어요?
3 여러분 나라에도 귀가 가렵다는 말과 비슷한 표현이 있어요?

| 새 어휘 | ☐ 과제 | ☐ 밤새우다 | ☐ 연애하다 | ☐ 책임감 |

19 기(가) 막히다

대화

아사코: 어제 지영 씨가 매운탕을 사 준다고 해서 시내에 갔다 왔어요.
민 수: 혹시 욕쟁이 할머니 식당에 갔어요? 그 집 매운탕이 **기가 막히게** 맛있는데…….
아사코: 네, 맞아요. 매운탕은 맛있었는데 정말 황당한 일들이 있었어요. 주인 할머니께 물 좀 더 달라고 하니까 갑자기 나한테 욕을 하셨어요.
민 수: 하하하, 그 할머니는 항상 그러세요. 할머니께서 욕을 한 것은 아사코 씨가 좋아서 그런 거니까 기분 나쁘게 생각하지 마세요. 저도 처음엔 조금 놀랐는데 지금은 재미있어서 자주 가요.
아사코: 그런데 더 **기가 막힌** 일은 매운탕을 다 먹고 계산을 해야 하는데 지영 씨가 또 지갑을 안 가져 온 거예요.
민 수: 그래서 아사코 씨가 또 돈을 낸 모양이군요.

✱ 기(가) 막히다: ① 어떤 일이 너무 놀랍고 황당하다 ② 매우 대단하다

활용예문

▶ 비가 오는데 우산도 없고 집에 갈 차비도 없고 참 **기막히는** 하루다.
▶ **기가 막히게** 멋진 차를 새로 샀어요.
▶ 가: 그 사람 말이 모두 거짓말이었다니 믿을 수가 없어.
　 나: 나도 그 말을 듣고 정말 **기가 막혔어**.

새 어휘와 문형

☐ 매운탕　☐ 욕쟁이　☐ 기　☐ 막히다　☐ 황당하다　☐ 욕하다
☐ 계산(을) 하다　　　☐ 차비　☐ -모양이다

19 기(가) 막히다 _83

함께해요

 기막힌 사연을 소개합니다. 다음을 읽고 친구와 같이 이야기해 보세요.

> 20년 전 어느 산부인과에서 간호사의 실수로 두 아이가 바뀌는 기막힌 일이 있었습니다. 그 두 아이는 각각 서로 다른 부모님과 행복하게 살아가고 있었습니다. 하지만 이들 중 한 명이 우연히 부모님과 자신의 혈액형이 다르다는 것을 알게 되었습니다. 이 기막힌 사실에 가족들은 뒤늦게 산부인과에 남아 있는 기록을 찾아보았고 그 결과 20년 전에 병원에서 아이가 바뀐 것을 확인할 수 있었습니다.
>
> 〈○○일보〉

 위의 신문 기사처럼 20년 동안 키워주신 부모님이 알고 보니 친부모님이 아니었다면 여러분은 어떻게 하겠습니까?

• 20년 동안 나를 키워주신 부모님과 살겠다.	• 나를 낳아주신 친부모님에게 돌아가겠다.
그 이유는? • •	그 이유는? • •

한 걸음 더

▶ 기(가) 차다(=) 노래를 정말 **기차게** 잘하는 친구가 있어요.
▶ 기(가) 죽다(⇨) **기세가 꺾여 약해지다**
   공부 좀 못 한다고 **기죽지 마**. 그 대신 너는 운동은 잘하잖아.

▶ 막히다 • 하수구가 자주 막혀서 큰일이에요.
   • 주말이라서 길이 막힐 테니까 지하철을 탑시다.
   • 창문을 좀 여는 게 어때? 답답해서 숨이 막힐 것 같아.

20 바람(을) 피우다

대화

제 니: 지영 씨, 만약에 남자 친구가 **바람을 피우면** 어떻게 할 거예요?
지 영: 갑자기 그건 왜 물어요?
제 니: 아침에 드라마를 봤는데 **바람 피운** 남편을 용서하는 내용이었어요. 난 절대로 그렇게 못 할 것 같아서요.
지 영: 글쎄요. 저는 그 상황이 되기 전에는 잘 모르겠어요. 물론 화가 나겠지만 헤어지는 것도 쉽지 않을 거예요.
제 니: 나를 배신한 사람을 다시 믿을 수 있을까요?
지 영: 그건 서로 노력하기에 달려 있겠지요. 너무 심각하게 생각하지 마세요. 제니 씨는 아직 남자 친구도 없잖아요.
제 니: 호호호, 맞아요.

✽ 바람(을) 피우다: 배우자가 아닌 이성과 사귀다

활용예문

▶ 제 남편은 절대로 **바람을 피울** 사람이 아니에요.
▶ 배우자가 있지만 다른 사람과 **바람을 피운다는** 내용의 영화가 많다.
▶ 가: 그 배우가 지난달에 이혼했다는 소식을 들었어요?
  나: 네, 부인이 **바람을 피웠다는** 소문이 있어요.

새 어휘와 문형

☐ 피우다 ☐ 용서하다 ☐ 절대로 ☐ 상황 ☐ 배신하다 ☐ 노력하다
☐ 심각하다 ☐ 배우자 ☐ 이혼하다 ☐ -기에 달려 있다

함께해요

 다음을 읽고 친구와 같이 이야기해 보세요.

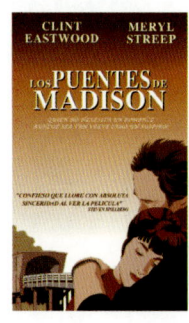

영화 '메디슨카운티의 다리'는 단 한 번 찾아오는 아름다운 사랑과 그 추억으로 평생을 살아가는 두 사람의 이야기입니다.

남편이 있는 여자에게 한 남자가 나타납니다. 두 사람은 진심으로 사랑하게 됩니다. 하지만 그 사랑은 이루어지지 못하고 두 사람은 서로를 그리워합니다.

 여러분이 이 영화의 여자 주인공이라면 어떻게 하겠습니까?

• 가족을 버리고 사랑을 선택한다.	• 가족을 선택하고 사랑을 포기한다.
그 이유는?	그 이유는?
•	•
•	•

한 걸음 더

▶ 바람(이) 나다(=)   닭 날개를 먹으면 **바람이 난다는** 말이 사실이에요?
▶ 바람(을) 넣다(⇨)   **다른 사람에게 어떤 행동을 하려는 마음이 생기게 하다**
　　　　　　　　　열심히 일하는 민수에게 놀러 가자고 **바람 넣지** 마세요.
▶ 피우다   • 여기서 담배를 피워도 되나요?
　　　　　• 게으름 피우지 말고 일 좀 해.
　　　　　• 오랜만에 친구들을 만나 이야기꽃을 피웠다.

연습해요

19_ 기(가) 막히다   20_ 바람(을) 피우다

보기의 관용어를 넣어서 대화를 만들어 보세요.

보기
기가 막히다   기가 죽다   바람을 피우다   바람을 넣다

1. 가: 요즘 설악산은 단풍이 들어서 _____게 아름답겠지요?
   나: 그럴 거예요. 우리도 어서 단풍 구경 가요.

2. 가: 시험에 또 떨어지다니 난 정말 머리가 나쁜가 봐.
   나: 너무 _____지 마. 다음에는 좋은 결과가 있을 거야.

3. 가: 소현 씨가 이번 여행을 안 가겠대요.
   나: 네? 같이 가자고 우리에게 _____ 사람이 안 간다니 말도 안 돼요.

4. 가: 준기 씨는 혹시 _____ 적이 있어요?
   나: 글쎄요. 비밀이에요.

5. 가: 민수가 약속을 또 잊어버렸어요. 정말 _____.
   나: 그만 화 푸세요. 무슨 일이 있었을 거예요.

6. 가: 그 친구가 _____ 줄 정말 몰랐어.
   나: 나도 그래. 두 사람이 결혼할 줄 알았는데 마음이 변했을까?

여러분이 대화문을 만들어 보세요.

가: _____

나: _____

19_ 기(가) 막히다   20_ 바람(을) 피우다

기(가) 막히다 / 바람(을) 피우다

 다음 대화를 완성해 보세요.

선희: 제 여동생이 방 안에서 하루 종일 울기만 해요.
요코: 무슨 일이 있어요?
선희: 동생 남자 친구가 얼마 전에 제대했는데 **바람을 피운** 모양이에요. 그 남자 친구가 군대에 있을 때 동생이 보낸 편지가 수 백 통이 넘을 거예요.
요코: **기가 막히네요**. 2년을 넘게 기다린 여자 친구가 있는데 어떻게 그럴 수가 있어요?
선희: 동생 남자 친구가 **기가 막히게** 잘생겨서 따라다니는 여자들이 많았거든요.
요코: 그랬군요. 선희 씨가 동생을 잘 위로해 주세요.
선희: 네, 고마워요. 그런데 요즘은 고무신을 거꾸로 신는 사람보다 군화를 거꾸로 신는 사람이 더 많대요.
요코: 신발을 왜 거꾸로 신어요?
선희: _____.
요코: _____.

 위의 대화문을 읽고 질문에 대답하세요.

1 선희의 여동생은 왜 울어요?
2 '고무신을 거꾸로 신다'라는 말은 무슨 뜻이에요?
3 여러분이 선희의 여동생이라면 어떻게 하겠어요?

새 어휘   □ 제대하다   □ 군대   □ 따라다니다   □ 위로하다   □ 고무신   □ 거꾸로   □ 군화

21 낯(이) 뜨겁다

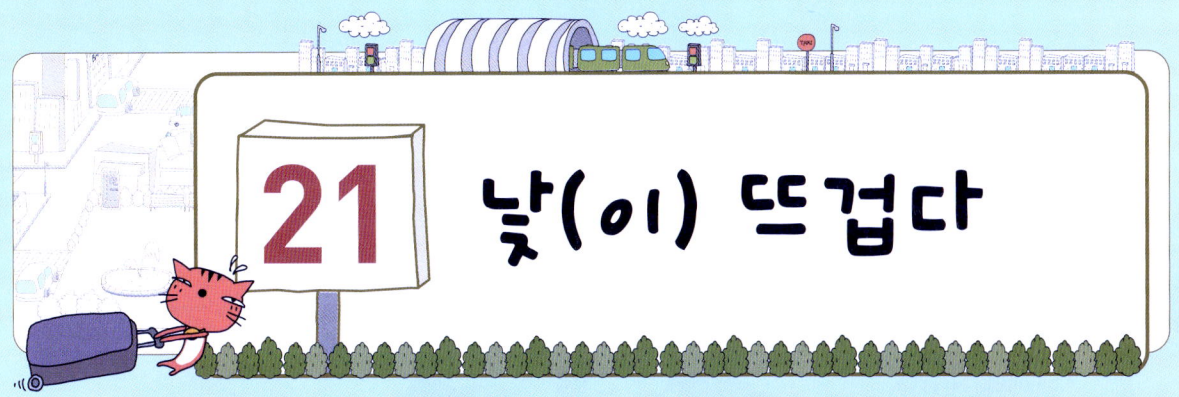

대화

지 영: 제니 씨, 마이클 씨와 첫 데이트 어땠어요?
제 니: 정말 엉망이었어요. 영화를 봤는데 영화 장면이 너무 **낯 뜨거워서** 보다가 나왔어요.
지 영: 그래서 바로 집에 왔어요?
제 니: 아니요. 마이클 씨가 음악회에 가자고 해서 '오페라 하우스'에 갔어요. 그런데 공연 중에 갑자기 내 휴대폰이 크게 울려서 정말 **낯 뜨거웠어요.**
지 영: 휴대폰을 꺼 놓는 것을 잊어버렸어요?
제 니: 네, 그보다 더 **낯 뜨거웠던** 일은 음악회가 끝나고 나오다가 넘어져서 치마가 찢어진 거예요. 마이클 씨가 보고 있었는데 부끄러워 죽는 줄 알았어요.

＊ 낯(이) 뜨겁다: ① 매우 부끄럽다 ② 보기에 민망하다

활용예문

▶ 시험 볼 때 갑자기 휴대전화 벨소리가 울려서 **낯 뜨거웠어요.**
▶ 물건 값을 심하게 깎는 친구 때문에 **낯 뜨거워** 죽는 줄 알았어요.
▶ 가: 사람들이 많은 공공장소에서는 애정 표현을 안 했으면 좋겠어요.
　나: 맞아요. **낯 뜨거울** 때가 많아요.

새 어휘와 문형

☐ 데이트　☐ 낯　☐ 뜨겁다　☐ 음악회　☐ 휴대폰　☐ 울리다　☐ 더구나
☐ 계단　☐ 넘어지다　☐ 찢어지다　☐ 벨소리　☐ 애정 표현　☐ -자고 하다

함께해요

 다음의 질문을 친구와 같이 이야기해 보세요.

질문	나는...	친구는...
① 가장 낯 뜨거웠던 일은 뭐예요?		
② 가장 기뻤던 일은 뭐예요?		
③ 가장 슬펐던 일은 뭐예요?		
④ 가장 재미있었던 일은 뭐예요?		
⑤ 가장 무서웠던 일은 뭐예요?		
⑥ 가장 부러웠던 일은 뭐예요?		
⑦ 가장 괴로웠던 일은 뭐예요?		
⑧ 가장 당황했던 일은 뭐예요?		
⑨ 가장 자랑스러웠던 일은 뭐예요?		
⑩ 가장 고마웠던 일은 뭐예요?		

한 걸음 더

▶ 얼굴(이) 뜨겁다(=)   학생들의 이상한 질문에 얼굴이 **뜨거워졌어요**.
▶ 낯(이) 익다(⇨)   **전에 본 적이 있어서 알아 볼 수 있다**
　　　　　　　　　　낯이 익은 얼굴이어서 알아봤더니 초등학교 동창이었어요.

▶ 뜨겁다　　・커피가 뜨거우니까 조심하세요.
　　　　　　・영화 속 '로미오와 줄리엣'은 서로 뜨겁게 사랑했다.

22 진땀(을) 흘리다

대화

(면접시험은 잘 봤니?)

(아니요. 면접관의 질문에 대답하느라고 진땀을 흘렸어요.)

민 수: 선배님, 축하해요. 이번에 취직했다고 들었어요.
선 배: 고마워. 너는 요즘 취직 준비 잘하고 있니?
민 수: 며칠 전에도 면접시험을 봤는데 또 떨어졌어요.
선 배: 취직하려면 면접시험 준비를 많이 해야 해. 특히 면접관의 질문에 당황하지 않고 자신 있게 대답하는 것이 중요해.
민 수: 네, 알아요. 그런데 선배님 말처럼 쉽지 않아요. 그때도 면접관이 저에게 학점이 왜 이렇게 나쁘냐고 물어서 대답하느라고 **진땀 흘렸어요**.
선 배: 하하하, 힘내. 열심히 하면 좋은 결과가 있을 거야. 내가 첫 월급 타면 크게 한턱낼게.

✻ 진땀(을) 흘리다: 긴장하거나 매우 힘들어하다

활용예문

▶ 어려운 문법을 설명하느라고 **진땀 좀 흘렸어요**.
▶ 고장 난 라디오를 고치느라 **진땀 흘렸다**.
▶ 가: 어제 집에 잘 들어갔어요?
　나: 버스를 잘못 타서 **진땀을 흘렸어요**.

새 어휘와 문형

☐ 면접시험　☐ 면접관　☐ 당황하다　☐ 자신(이) 있다　☐ 학점
☐ 진땀　☐ 흘리다　☐ 결과　☐ 타다　☐ 고치다　☐ -느라(고)

함께해요

 다음은 어느 회사의 재미있는 면접 질문들이에요. 만약 여러분이라면 어떻게 대답하겠어요? 진땀 흘리지 말고 재치 있게 대답해 보세요.

> 비가 많이 내리는 추운 겨울밤에 당신은 차를 운전하고 있습니다. 그런데 버스 정류장에서 세 사람이 버스를 기다리고 있는 것을 봤습니다. 그 세 사람들은 예전에 당신의 생명을 구해 준 의사 선생님, 몸이 불편해 보이는 할머니, 그리고 당신의 이상형입니다. 모두들 버스를 기다리고 있습니다. 이들 중에 당신의 차에 태울 수 있는 사람은 한 명뿐입니다. 당신은 누구를 태우겠습니까?

❶ 두 회사에 동시에 합격하게 되면 어떻게 하겠어요?
❷ 회사 상사가 개인적인 일을 시키면 어떻게 하겠어요?
❸ 가장 싫어하는 사람과 무인도에 있게 되면 어떻게 하겠어요?

 여러분이 면접관이 되어 대답하기 곤란한 질문을 만들어 보세요.

_____?

한 걸음 더

▶ 진땀(을) 빼다(=) 하루 종일 어려운 수학문제를 푸느라고 **진땀 뺐어요**.
▶ 피땀(을) 흘리다(⇨) **열심히 일하고 노력하며 고생하다**
그동안 **피땀 흘려** 모은 돈으로 드디어 집을 샀습니다.

▶ 흘리다 ✎
• 영화가 너무 슬퍼서 눈물을 흘렸어요.
• 열쇠를 어디에 흘렸나 봐요. 찾아도 안 보여요.
• 많은 시간을 의미 없이 흘려보냈다.

연습해요

21_ 낯(이) 뜨겁다   22_ 진땀(을) 흘리다

보기의 관용어를 넣어서 대화를 만들어 보세요.

보기
낯이 뜨겁다   낯이 익다   진땀을 흘리다   피땀을 흘리다

1 가: 요즈음 아이들과 같이 볼 수 있는 텔레비전 프로그램이 없어요.

　나: 맞아요. 폭력적이고 _____ 장면들이 많지요?

2 가: 오늘 발표는 잘 끝났어요?

　나: 아뇨, 준비를 충분히 못 해서 질문에 대답하느라고 _____.

3 가: 저분이 _____ 모은 돈을 장학금으로 내신 분이지요?

　나: 네. 참 좋은 분이세요.

4 가: 내 뒤에 앉은 사람이 참 _____ 누구인지 모르겠어요.

　나: 혹시 어릴 때 고향 친구 아니에요?

5 가: 요코 씨가 어린 조카들을 보느라고 _____고 있을 거예요.

　나: 제가 아이를 잘 보는데 가서 좀 도와줄까요?

6 가: 저기 술 취한 아저씨 좀 봐요. 빈 병을 경기장 안으로 던지네요.

　나: 아이고, 아이들도 보고 있는데 _____.

여러분이 대화문을 만들어 보세요.

가: _____

나: _____

21_ 낯(이) 뜨겁다   22_ 진땀(을) 흘리다

낯(이) 뜨겁다 / 진땀(을) 흘리다

 다음을 읽고 대화를 만들어 보세요.

경하: 요코 씨, 졸업식에 입고 갈 옷은 샀어요?

요코: 어휴, 사긴 샀는데 어제 옷가게에서 **낯 뜨거워** 죽는 줄 알았어요.

경하: 무슨 일 있었어요?

요코: 마음에 드는 원피스가 있어서 한번 입어 보려고 했는데 제게 맞는 사이즈가 없었어요. 그래서 한 치수 작은 옷을 입었더니 너무 작아서 옷을 벗을 수가 없었어요.

경하: 그래서 어떻게 됐어요?

요코: 점원들이 모두 모여 도와줘서 겨우 옷을 벗을 수 있었어요. 거기에는 다른 손님들도 많이 있었는데 정말 **낯 뜨거웠어요**. 아무튼 옷을 벗느라고 **진땀 좀 흘렸지요**.

경하: 호호호. 그랬군요. 저도 며칠 전에 소개팅에서 낯 뜨거운 일이 있었어요.

요코: _____.

경하: _____.

 위의 대화문을 읽고 질문에 대답하세요.

1 요코는 왜 옷가게에 갔어요?
2 요코는 옷가게에서 왜 낯이 뜨거웠어요?
3 여러분이 최근에 가장 진땀을 흘렸던 일은 뭐예요?

새 어휘   □ 졸업식   □ 원피스   □ 사이즈   □ 치수   □ 겨우   □ 아무튼

23 내 코가 석자

대화

왕 방: 내일까지 이삿짐을 싸야 하는데 시작도 못 했어요. 미리 좀 싸둘 걸 그랬어요. 민수 씨가 좀 도와줄래요?

민 수: 미안해요. 도와주고 싶지만 **내 코가 석자**라서 도와줄 수 있을지 모르겠어요. 해야 할 일이 산더미처럼 쌓여 있거든요.

왕 방: **코가 석자**라니 그게 무슨 말이에요?

민 수: 자신의 상황이 어려워서 남을 도울 수 없다는 말이에요.

왕 방: 그런데 왜 **코가 석자**라고 해요? 코가 길다는 뜻인가요?

민 수: 이때 말하는 코는 콧물이에요. 콧물이 아주 길게 흘러서 다른 일을 할 수 없다는 뜻이에요.

왕 방: 와, 정말 재미있는 말이네요. 우선 코부터 닦아야 다른 일을 할 수 있을 테니까요. 민수 씨, 콧물 닦고 저 좀 도와줄 거죠?

✻ 내 코가 석자: 내 상황이 어려워서 다른 사람을 도울 수 없다

활용예문

▶ 불우 이웃을 돕고 싶지만 **내 코가 석자**다.
▶ 친구가 숙제를 도와달라고 부탁했지만 **내 코가 석자**라서 거절했어요.
▶ 가: 좋은 사람이 있으면 소개 좀 시켜 주세요.
  나: **내 코가 석자**예요. 저도 아직 여자 친구가 없어요.

새 어휘와 문형

□ 이삿짐 □ 싸다 □ 미리 □ 자 □ 산더미 □ 쌓이다 □ 콧물
□ 흐르다 □ 닦다 □ 불우 이웃 □ 거절하다 □ -(으)ㄹ걸 그랬어(요)

23 내 코가 석자 _99

 함께해요

 감동 뉴스를 소개합니다. 다음을 읽고 질문에 대답하세요.

 한 번도 얼굴을 본 적이 없는 사람에게 자신의 장기를 두 번이나 기증한 마음 따뜻한 사람이 있다. 주인공 이인희 씨는 지난 해 12월 26일 원주에 사는 30대 남자에게 자신의 신장을 주었다. 이 씨는 나이가 많으신 어머니를 모시고 힘들게 살고 있지만 30대 가장의 어린 아이들이 불쌍해서 아무 조건 없이 수술했다고 한다. 그리고 그는 3년 전에도 11살의 소년에게 골수를 준 적이 있어 이번이 두 번째 장기 기증이다. 이처럼 우리는 어려운 상황에서도 다른 사람들을 도와주는 이 씨의 따뜻한 마음을 본받아야 할 것이다.

 기사를 읽고 느낀 점은 무엇입니까?

 기사의 주인공처럼 마음이 따뜻한 사람의 이야기를 알고 있습니까?

한 걸음 더

▶ 코앞에 닥치다(⇨) 어떤 일에 시간이 얼마 남지 않다
  코앞에 닥친 일이 너무 많아서 오늘 모임에 참석할 수 없어요.

▶ 코를 찌르다(⇨) 나쁜 냄새가 심하게 나다
  집 안에 타는 냄새가 **코를 찔러서** 창문을 열어 두었다.

▶ 자∥ • 한국에서 예전부터 사용한 길이를 나타내는 단위(한 자는 30.3cm)

24 어깨가 무겁다

대화

에 릭: 이제 한국 생활에 좀 익숙해졌어요?
제 니: 네, 지금은 좀 편해졌어요.
에 릭: 그동안 어떤 점이 제일 힘들었어요?
제 니: 사람들의 시선을 받는 것이 가장 힘들었어요.
에 릭: 맞아요. 나도 같은 생각을 했어요. 모두가 내 행동만 보고 있는 것 같아서 불편할 때도 있었어요.
제 니: 그리고 나 하나만 보고 미국 사람이 다 그렇다고 생각하는 것이 부담스러웠어요. 그렇지만 사람들이 내 말과 행동을 통해서 미국에 대한 좋은 인상을 가질 수도 있다고 생각했어요.
에 릭: 맞아요. 우리는 각각 나라를 대표하는 외교관이에요.
제 니: 그렇게 생각하니까 **어깨가 무거워지는데요.**

✽ 어깨가 무겁다: 책임이 크다

활용예문

▶ 아버지께서는 우리 가족을 책임지시느라 얼마나 **어깨가 무거울까요**?
▶ 학교 대표로 경기에 나가게 되어서 **어깨가 무겁습니다.**
▶ 가: 이번에 승진했다고 들었어요. 축하합니다.
   나: 감사합니다. 기쁘기도 하지만 **어깨가 무거워요.**

새 어휘와 문형

☐ 시선(을) 받다　☐ 불편하다　☐ 부담스럽다　☐ 행동　☐ 인상　☐ 가지다
☐ 각각　☐ 대표하다　☐ 외교관　☐ 책임지다　☐ 승진하다　☐ -을/를 통해서

함께해요

 그림을 보고 가족들이 왜 어깨가 무거운지 이야기해 보세요.

 여러분은 언제 어깨가 무겁다고 느껴요?

한 걸음 더

▶ 어깨가 가볍다(↔)　　논문을 끝내고 나니 **어깨가 가벼워졌어요**.

▶ 어깨(를) 겨루다(⇨)　**서로 대등하다**
　　　　　　　　　　이번 대회에서 우리 팀과 **어깨를 겨룰** 팀은 아무도 없다.

▶ 어깨(를) 펴다(⇨)　　**자신감을 가지다**
　　　　　　　　　　곧 좋은 회사에 취직할 테니까 **어깨 펴세요**.

연습해요

23_ 내 코가 석자   24_ 어깨가 무겁다

  보기의 관용어를 넣어서 대화를 만들어 보세요.

| 보기 | 내 코가 석자 | 코앞에 닥치다 | 어깨가 무겁다 | 어깨를 펴다 |

1 가 : 영수 씨가 드디어 아빠가 되었대요.
   나 : 이제 영수 씨도 _____.

2 가 : 시험이 _____ 어떻게 준비를 해야 할지 모르겠어요.
   나 : 너무 걱정하지 마세요. 제가 도와줄게요.

3 가 : 과제 다 끝냈어요? 너무 어려워서 못 하겠어요. 좀 도와주세요.
   나 : 어떡하지요? _____. 나도 아직 못 끝냈어요.

4 가 : 학교 대표로 한국어 말하기 대회에 나간다면서요?
   나 : 네, 모두가 기대하고 있어서 _____.

5 가 : 나도 그 일을 도와주고 싶지만 _____.
   나 : 괜찮아요. 다른 사람에게 부탁해 볼게요.

6 가 : 많은 사람들 앞에서 발표를 잘 할 수 있을지 걱정이에요.
   나 : _____ 씩씩하게 하세요.

여러분이 대화문을 만들어 보세요.

가 : _____
나 : _____

23_ 내 코가 석자　24_ 어깨가 무겁다

내 코가 석자 / 어깨가 무겁다

 다음 대화를 완성해 보세요.

준기: 케빈 씨는 형제가 몇 명이에요?
케빈: 형이 한 명, 결혼한 누나가 한 명 있어요.
준기: 그래요? 저는 여동생이 두 명 있는데 케빈 씨처럼 형이 한 명 있었으면 좋겠어요. 제가 장남이라서 가끔 부담스러울 때가 있거든요.
케빈: 왜 부담스러워요?
준기: 나중에 부모님을 모시고 동생들도 돌보려면 내가 성공해야 한다는 부담감이 있어요. 부모님에게는 좋은 아들, 동생들에게는 좋은 오빠가 되고 싶은데 쉽지 않아요.
케빈: 한국의 장남들은 정말 **어깨가 무겁**겠어요. 그러고 보니 **내 코가 석잔**데 내가 남 걱정을 하고 있었네요. 나도 앞으로 졸업도 해야 하고 취직도 해야 하고 게다가 결혼까지……. 아, 골치가 아파요.
준기: _____.
케빈: _____.

 위의 대화문을 읽고 질문에 대답하세요.

1 준기는 왜 어깨가 무거워요?
2 케빈이 '내 코가 석자'라고 말한 이유는 뭐예요?
3 여러분의 나라에서 장남의 역할은 어때요?

새 어휘　☐ 장남　☐ 돌보다　☐ 성공하다　☐ 부담감　☐ 앞으로

25 눈(을) 감아 주다

대화

빵집에서 한 아이가 빵을 훔치는 것을 봤어요.

지영 씨는 그 아이의 행동을 눈감아 줬어요?

에 릭: 며칠 있으면 크리스마스네요.
지 영: 저는 크리스마스 때마다 생각나는 아이가 있어요.
에 릭: 누구예요? 혹시 첫사랑이에요?
지 영: 음, 제가 어렸을 때 크리스마스 전날 밤에 엄마랑 같이 케이크를 사러 빵집에 간 적이 있었어요.
에 릭: 아, 빵집에서 만난 사람이군요.
지 영: 아뇨. 그때 그 빵집에서 한 아이가 빵을 훔치는 것을 보게 되었어요. 물론 주인아저씨도 보셨는데 그냥 못 본 척하셨어요.
에 릭: 아저씨가 그 아이의 행동을 **눈감아 줬어요**?
지 영: 네, 그리고 그 아이에게 크리스마스 선물까지 줬어요.
에 릭: 나쁜 일을 했는데 어떻게 선물까지 줄 수 있었을까요?
지 영: 알고 보니 그 아이는 부모님이 안 계시는 불쌍한 아이였어요. 지금쯤 그 아이는 어디에서 무엇을 하고 있을까요?

✽ 눈(을) 감아 주다: 남의 잘못을 못 본 척하다

활용예문

▶ 한 번만 **눈감아 주세요**. 다시는 이런 일이 없도록 조심하겠습니다.
▶ 선생님께서는 철수가 수업시간에 문자 메시지를 보내는 것을 보셨지만 **눈감아 주셨다**.
▶ 가: 면허증 좀 보여 주십시오. 안전벨트를 매지 않으셨습니다.
  나: 죄송합니다. 깜박 잊어버렸어요. 한 번만 **눈감아 주세요**.

새 어휘와 문형

□ 첫사랑 □ 훔치다 □ 감다 □ 불쌍하다 □ 조심하다 □ 문자 메시지
□ 면허증 □ 안전벨트 □ 매다 □ 깜박 □ -(으)ㄴ/는 척하다

함께해요

 소설 '장발장'에 대한 글을 읽고 친구와 이야기해 보세요.

벌? 용서?

'장발장'은 빅토르 위고가 쓴 세계적으로 유명한 소설이다. '장발장'의 원래 제목은 '레미제라블(Les misérables)'로 '불쌍한 사람들'이라는 뜻이다. 이 이야기는 주인공인 장발장이 가난과 배고픔을 참지 못해 빵 한 조각을 훔치는 것으로 시작한다.

하지만 그는 그것 때문에 19년 동안이나 감옥 생활을 하게 된다. 시간이 지나 장발장은 감옥에서 나오지만 사람들의 차가운 시선 때문에 힘들어한다. 그래서 ……

 여러분은 장발장이 빵을 훔친 것에 대해서 어떻게 생각해요?

 만약 빵을 훔치는 장발장의 행동을 사람들이 눈감아 주었다면 그의 인생이 어떻게 바뀌었을까요?

 여러분은 주위 사람들의 일을 눈감아 준 적이 있어요?

한 걸음 더

▶ 눈(을) 감다(⇨)   ①죽다 ②남의 잘못을 모르는 척 하다
　　　　　　　　　독일의 유명한 음악가가 그의 고향에서 조용히 **눈을 감았다**.

▶ 눈(을) 딱 감다(⇨)   더 이상 다른 것은 생각하지 않다
　　　　　　　　　　돈도 얼마 없는데 **눈 딱 감고** 컴퓨터를 사 버렸어요.

▶ 감다   • 눈을 감고 5분 동안 가만히 앉아 있었다.
　　　　 • 샴푸보다 천연 비누로 머리를 감는 것이 좋대요.

26 눈에 불을 켜다

대화

민 수: 어머니, 제 책상 위에 있던 종이 못 보셨어요?
어머니: 아니, 난 못 봤는데 다시 한 번 잘 찾아봐.
민 수: **눈에 불을 켜고** 찾아봐도 안 보여요. 내일까지 교수님께 제출해야 하는데 그게 없으면 정말 곤란해요. 어떡하지요?
어머니: 분명히 책상 위에 두었어? 서랍 안이나 가방 안에 넣어 두었는지 확인해 봐.
민 수: 여기저기 찾아 봐도 없어요. **눈에 불을 켜고** 준비한 건데 다시 쓰려고 해도 지금은 시간도 없고 자료도 없어요.
어머니: 근데 민수야! 혹시 저 휴지통에 들어 있는 건 뭐니? 네가 찾고 있는 종이 아니니?
민 수: 네? 이게 왜 여기에 들어 있지요? 하하하. 어머니, 찾았어요!
어머니: 아이고, 내가 너 때문에 정신이 하나도 없어.

✲ 눈에 불을 켜다: ① 어떤 일을 집중해서 열심히 하다 ② 화가 나서 눈을 크게 뜨다

활용예문

▶ 승우는 이번 시험에서 꼭 일등을 하려고 **눈에 불을 켜고** 공부했다.
▶ 아버지는 거짓말을 한 동생을 **눈에 불을 켜고** 야단치셨다.
▶ 가: 요즘 **눈에 불을 켜고** 돈을 벌고 있다고 들었어.
　 나: 응, 열심히 아르바이트를 해서 배낭여행을 가려고.

새 어휘와 문형

☐ 켜다　　☐ 제출하다　　☐ 분명히　　☐ 서랍　　☐ 확인하다
☐ 자료　　☐ 휴지통　　　☐ 정신(이) 없다　☐ 야단치다　☐ -아/어도

 함께해요

 민수는 아래의 물건들을 오랫동안 찾지 못했어요. 여러분이 민수의 물건들을 눈에 불을 켜고 찾아 주세요.

잃어버린 물건 : 시계, 우산, 휴대폰, 수첩, 지갑, 안경, 열쇠, 볼펜, 운동화

 여러분은 물건을 잃어버리고 나서 눈에 불을 켜고 찾았지만 아직까지 찾지 못한 물건이 있어요?

 여러분은 눈에 불을 켜고 어떤 일을 한 적이 있어요?

한 걸음 더

▶ 눈에(서) 불이 나다(⇨) 몹시 화가 나다
남자 친구가 다른 여자와 같이 걸어가는 것을 보고 **눈에서 불이 났지만** 참았다.

▶ 눈(을) 돌리다(⇨) 관심을 옮기다
승우가 외국어 공부에 **눈을 돌리기** 시작했어요.

▶ 켜다
• 교실이 너무 추운 것 같지 않아요? 난로 좀 켭시다.
• 저는 피아노는 칠 수 있는데 바이올린은 켤 줄 몰라요.

25_ 눈(을) 감아 주다   26_ 눈에 불을 켜다

연습해요

 보기의 관용어를 넣어서 대화를 만들어 보세요.

보기			
눈감아 주다	눈 딱 감다	눈에 불을 켜다	눈에서 불이 나다

1 가 : 노트북을 새로 샀어요?

　나 : 네, _____ 사 버렸어요. 디자인도 예쁘고 성능도 좋아요.

2 가 : 밤 11시 이후에는 기숙사에 들어갈 수 없다고 들었어요.

　나 : 그런데 기숙사 선생님께서 내가 늦게까지 아르바이트를 한다는 사실을 아시고 _____.

3 가 : 어머니, 이 약은 너무 써서 못 먹겠어요.

　나 : 쓴 약이 몸에 좋은 거야. _____고 어서 먹어.

4 가 : 지금 _____ 뭘 찾아요?

　나 : 제 휴대폰요. 분명히 책상 위에 두었는데 없어졌어요.

5 가 : 우리 아빠는 동생이 버릇없는 행동을 해도 _____.

　나 : 동생이 아직 어려서 그렇게 하셨을 거야.

6 가 : 도서관에서 시끄럽게 떠드는 학생들을 보면 _____.

　나 : 나도 그래요. 그래서 요즘은 그냥 집에서 공부해요.

여러분이 대화문을 만들어 보세요.

가 : _____

나 : _____

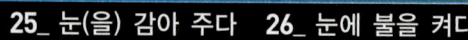

눈(을) 감아 주다 / 눈에 불을 켜다

 다음을 읽고 대화를 만들어 보세요.

마이클: 민지 씨는 혹시 친구의 잘못을 **눈감아 준** 적이 있나요?

민 지: 글쎄요. 오히려 친구가 내 일을 가끔 **눈감아 줘요**.

마이클: 그래요? 어떤 일인데요?

민 지: 도서관에 몰래 과자와 음료수를 가지고 들어가는 거요.

마이클: 하하하, 그런 일 말고요. 며칠 전에 전공 시험을 보다가 친한 친구가 부정행위를 하는 것을 봤는데 어떻게 하면 좋을까요?

민 지: 음, 그건 좀 어려운 문제네요. 전공 시험은 중요한 시험이라서 모두들 좋은 성적을 받으려고 **눈에 불을 켜고** 공부하잖아요.

마이클: 맞아요. 그런데 이번에 그 친구가 장학금까지 받게 돼서 그냥 **눈감아 주기가** 쉽지 않아요. 어떻게 해야 할지 모르겠어요. 민지 씨, 좋은 방법이 없을까요?

민 지: _____.

마이클: _____.

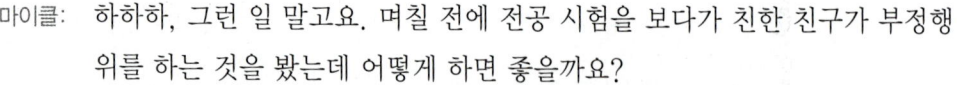

 위의 대화문을 읽고 질문에 대답하세요.

1 민지 친구는 민지의 어떤 행동에 눈감아 줘요?
2 마이클의 친구는 어떤 잘못을 했어요?
3 여러분이 마이클이라면 어떻게 하겠어요?

새 어휘   ☐ 몰래   ☐ 전공   ☐ 부정행위

27 눈(이) 빠지도록 기다리다

대화

지 영: 뭘 그렇게 열심히 보고 있니? 재미있는 신문 기사라도 있어?

민 수: 요즘 젊은 사람들 사이에서 데이트메이트가 유행이래.

지 영: 룸메이트는 알겠는데 데이트메이트는 뭐야?

민 수: 친구보다는 가깝지만 애인은 아닌 관계를 데이트메이트라고 한대. 쉽게 만나서 데이트하다가 애인이 생기면 헤어지는 계약 연애 같은 거야.

지 영: 그래? **눈 빠지도록** 기다렸는데도 백마 탄 왕자님이 안 나타나면 나도 데이트메이트나 구해 볼까?

민 수: 요즘 그게 유행이라지만 너까지 그러면 어떻게 하니? 계약 연예처럼 사람을 가볍게 만나는 것은 좋은 생각이 아니야.

지 영: 서로 필요할 때 부담 없이 만나는 게 나쁘다고 생각하니? 넌 너무 보수적인 것 같아.

민 수: 글쎄. 내 생각은 조금 달라.

✽ 눈(이) 빠지도록 기다리다: 아주 오랫동안 기다리다

활용예문

▶ 우리 할머니께서는 제가 결혼하기만을 **눈이 빠지도록 기다리세요**.
▶ 아내가 남편을 **눈이 빠지도록 기다리다가** 죽어서 돌이 되었는데 그 돌을 '망부석'이라고 한대요.
▶ 가: 어릴 때는 설날을 **눈 빠지도록 기다렸던** 것 같아요.
　나: 맞아요. 설날에는 새 옷도 입고 세뱃돈도 받을 수 있었잖아요.

새 어휘와 문형

| □ 젊다 | □ 데이트메이트 | □ 유행 | □ 관계 | □ 계약 연애 | □ 빠지다 |
| □ 백마 | □ 보수적 | □ 돌 | □ 설날 | □ 세뱃돈 | □ -앗/었는데도 |

27 눈(이) 빠지도록 기다리다 _115

 ## 함께해요

 다음은 민지가 눈 빠지도록 기다리는 날이에요. 여러분이 눈 빠지도록 기다리는 날은 언제예요? 친구와 같이 이야기해 보세요.

2월 14일 밸런타인데이		여자가 남자에게 초콜릿과 꽃을 선물하며 사랑을 고백하는 날
3월 14일 화이트데이		남자가 여자에게 장미와 사탕을 주며 사랑을 고백하는 날
4월 14일 블랙데이		애인이 없는 사람끼리 자장면을 먹는 날
5월 14일 로즈데이		친구나 애인에게 장미를 선물하며 우정과 사랑을 표현하는 날
11월 11일 빼빼로데이		친구나 애인에게 빼빼로처럼 길고 날씬해지라는 뜻으로 빼빼로 과자를 선물하는 날

 여러분 나라에 특별하거나 재미있는 날이 있으면 소개해 주세요.

한 걸음 더

▶ 목(이) 빠지다(=)   설악산에 가는 날을 **목 빠지도록** 기다렸는데 비가 와서 결국 못 가게 되었어요.

▶ 눈이 어둡다(⇨)   ①시력이 나쁘다 ②욕심 때문에 판단력이 없어지다
돈에 **눈이 어두워** 다른 일에는 관심도 없다.

▶ 빠지다
- 이가 빠지는 꿈은 좋은 꿈이 아니지요?
- 어릴 때 물에 빠진 적이 있어서 물을 무서워해요.
- 한 달 동안이나 다이어트를 했는데 겨우 1kg이 빠졌어요.

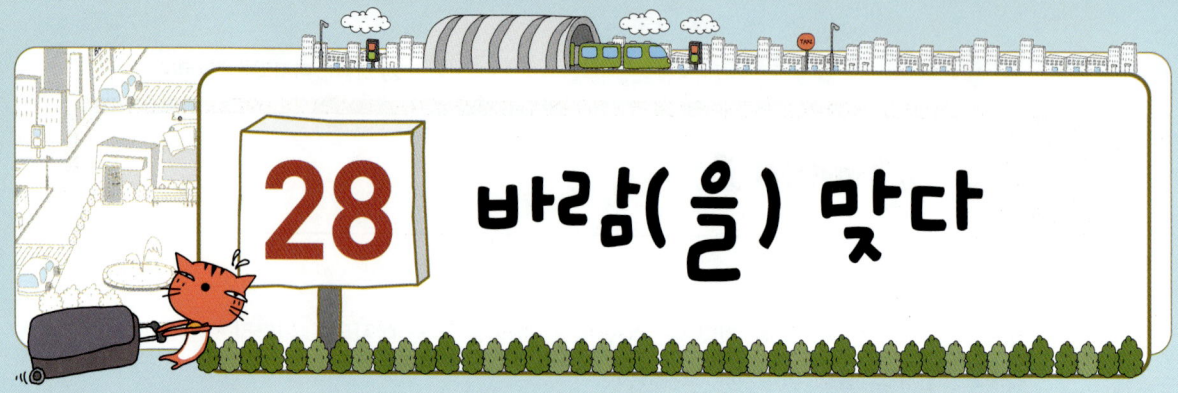

28 바람(을) 맞다

대화

왕 방: 에릭 씨, 저 어제 **바람 맞아서** 기분이 엉망이에요.
에 릭: 네? 어제 바람이 많이 불었어요?
왕 방: 아니요. '바람을 맞다'라는 말은 만나기로 약속한 사람이 약속을 지키지 않았을 때 쓰는 말이에요.
에 릭: 그렇군요. 그런데 누구한테 **바람을 맞았어요**?
왕 방: 에릭 씨, 정말 생각 안 나요? 같이 뮤지컬 '명성황후'를 보러 가기로 했잖아요.
에 릭: 아, 이제 생각났어요! 왕방 씨, 정말 미안해요. 그저께 친구들과 밤늦게까지 술을 마시는 바람에 어제는 하루 종일 잠만 잤어요. 약속을 잊어버리고 있었네요. 미안해서 어떡하죠?
왕 방: 괜찮아요. 에릭 씨를 기다리다가 지영 씨를 만나서 같이 찜질방에 다녀왔어요. 에릭 씨, 어제 귀 가렵지 않았어요?
에 릭: 하하하, 정말 미안해요. 그럼 이따가 뮤지컬 보러 갈래요?

✱ 바람(을) 맞다: 상대방이 연락 없이 약속 장소에 나오지 않다

활용예문

▶ 선 보기로 한 사람에게 **바람 맞고** 돌아오는 길이에요.
▶ 추운 데서 두 시간이나 기다렸는데 결국 **바람 맞았어요**.
▶ 가: 지영 씨한테 또 **바람을 맞았다는** 게 사실이야?
　나: 그래. 우울한데 삼겹살에 소주 한잔하자.

새 어휘와 문형

□ 맞다 □ 뮤지컬 □ 찜질방 □ 선(을) 보다 □ 우울하다 □ 삼겹살
□ 소주 □ -는 바람에

 함께해요

 약속에는 가족과의 약속, 연인과의 약속, 친구와의 약속 그리고 자신과의 약속 등이 있어요. 여러분은 이 많은 약속들을 잘 지키고 있어요? 다음의 글을 읽고 '약속'에 대해서 이야기해 보세요.

중국 장가계라는 지방의 산 정상에는 연인들의 자물쇠가 있다. 이 자물쇠에는 연인들의 이름이 쓰여 있다. 연인들은 자물쇠를 잠근 후에 열쇠를 산 아래로 던진다. 그리고 서로 헤어지지 말고 영원히 함께 하자는 약속을 한다. 만약 약속을 어기고 싶으면 산 아래로 내려가서 그 열쇠를 찾아 자물쇠를 열어야 한다. 이것이 바로 이곳을 지나간 연인들의 사랑의 약속인 것이다.

 여러분은 누군가에게 바람을 맞은 적이 있어요?

 여러분은 어쩔 수 없는 일 때문에 다른 사람을 바람을 맞힌 적이 있어요?

한 걸음 더

▶ 바람(을) 맞히다(⇨)   다른 사람과 만나기로 한 약속을 지키지 않다
                       급한 일이 생겨서 친구를 **바람 맞혔다**.

▶ 바람(을) 쐬다(⇨)   기분을 바꾸려고 밖에 나가다
                   답답해서 **바람** 좀 **쐬고** 와야겠어요. 어디 갈 만한 곳이 없을까요?

▶ 맞다
- 80점 이상 맞으면 합격이래요.
- 소나기가 내리는데 우산이 없어서 비를 맞았어요.
- 수업에 늦어서 선생님께 야단을 맞았어.

연습해요

27_ 눈(이) 빠지도록 기다리다   28_ 바람(을) 맞다

 보기의 관용어를 넣어서 대화를 만들어 보세요.

보기
눈이 빠지도록 기다리다   눈이 어둡다   바람을 맞다   바람을 쐬다

1 가 : 왜 그렇게 서두르세요?
   나 : 오늘이 제 생일이라서 가족들이 제가 오기만을 _____ _____ 있어요.

2 가 : 여행을 가시나 봐요.
   나 : 요즘 골치 아픈 일이 많아서 _____.

3 가 : 약속이 있다고 하지 않았어요? 왜 이렇게 일찍 들어왔어요?
   나 : 약속한 친구에게서 _____. 그래서 그냥 와 버렸어요.

4 가 : 아까부터 누구를 그렇게 _____ 있어요?
   나 : 민우 씨요. 케이크를 사 오기로 했거든요.

5 가 : 오늘 요코 씨 못 봤어요? 시내에서 만나기로 했는데 _____ _____.
   나 : 네? 요코 씨는 아까 시내에 간다고 했는데 못 만났어요?

6 가 : 지영아, _____ 잘 안 보이는데 안경 좀 갖다줄래?
   나 : 여기 있어요. 할아버지.

여러분이 대화문을 만들어 보세요.

가 : _____

나 : _____

27_ 눈(이) 빠지도록 기다리다   **28_** 바람(을) 맞다

눈(이) 빠지도록 기다리다 / 바람(을) 맞다

 다음 대화를 완성해 보세요.

어머니: 승우야, 네 형한테 요즘 좋은 일 있니? 며칠 전부터 달력을 자꾸 보면서 혼자 히죽히죽 웃고…….

승 우: 아, 데이트 약속이 있나 봐요. 아마 일요일이 되기만을 눈 빠지도록 기다렸을 거예요. 아까 제 옷을 빌려 입고 나갔어요.

어머니: 지난번에 선 본 아가씨를 만나러 가는 거야?

승 우: 아닐 거예요. 그 아가씨한테는 몇 번이나 바람 맞았다고 했거든요. 자세한 것은 저도 잘 몰라요.

어머니: 그럼 누굴까? 이번에는 잘 되었으면 좋겠구나. 네 형 친구들은 벌써 결혼해서 아빠가 되었는데 네 형만 저렇게 결혼도 안 하고 있으니까 속상해.

승 우: 어머니, 너무 걱정하지 마세요. 요즘은 결혼을 늦게 하는 편이잖아요. 그러면 저라도 먼저 결혼할까요?

어머니: _____.

승 우: _____.

 위의 대화문을 읽고 질문에 대답하세요.

1 어머니는 형에게 왜 좋은 일이 있다고 생각했어요?
2 어머니가 속상해하는 이유는 뭐예요?
3 여러분은 좋아하는 사람에게 바람을 맞으면 어떻게 하겠어요?

새 어휘   ☐ 히죽히죽   ☐ 자세하다   ☐ 속상하다

29 눈코 뜰 새 없다

대화

마리오: 설 연휴에 한국의 어머니들은 **눈코 뜰 새 없이** 바쁘다지요?
지 영: 네, 맞아요. 설날에 먹을 음식을 준비해야 하거든요. 특히 우리 집은 큰집이라서 어머니께서 고생이 많으세요.
마리오: 지영 씨 집이 아주 커서 친척들이 다 모이나 봐요.
지 영: 그게 아니라 아버지께서 장남이시기 때문에 우리 집을 큰집이라고 해요. 그래서 친척들이 모두 와서 차례를 지내요.
마리오: 아, 그렇군요. 그러면 지영 씨가 어머니를 많이 도와드려야겠어요. 집안을 청소하거나 음식을 만드는 일 같은 거요.
지 영: 물론 그렇게 해야 하는데 저도 설 연휴에는 바빠서 어머니를 도와드리지 못해요. 그동안 멀리 있어서 만날 수 없었던 친구들도 만나야 하고요.
마리오: 그럼 이번 설날에는 지영 씨 대신에 제가 어머니를 도와드릴까요? 맛있는 음식을 많이 먹을 수 있겠지요?

✱ 눈코 뜰 새 없다: 아주 바빠서 시간이 없다

활용예문

▶ 그동안 유학 갈 준비를 하느라고 **눈코 뜰 새 없이** 바빴어요.
▶ 졸업식이 다가오면 꽃집마다 **눈코 뜰 새 없이** 바쁘다.
▶ 가: **눈코 뜰 새 없이** 바빠서 밥 먹을 시간도 없어요.
　 나: 아무리 바빠도 밥은 꼭 챙겨 드세요.

새 어휘와 문형

☐ 설 연휴　　☐ 뜨다　　☐ 새(사이)　　☐ 큰집　　☐ 고생
☐ 차례(를) 지내다　　☐ 멀리　　☐ 다가오다　　☐ 챙기다　　☐ -다지(요)?

함께해요

 눈코 뜰 새 없이 바쁜 여러분을 위한 간단한 조리법입니다. 한번 만들어 보세요.

참치 볶음밥

〈재료〉

참치 캔 1/2개, 양파 1/2개, 당근과 감자 약간, 밥 1공기, 식용유 1큰 술, 소금

〈만드는 법〉

1. 양파, 당근, 감자를 잘게 썬다.
2. 팬에 야채를 볶는다.
3. 참치는 기름을 꼭 짜서 볶는다.
4. 볶은 야채와 참치에 밥을 넣고 함께 볶는다.
5. 소금을 조금 넣는다.

 여러분이 만들 수 있는 간단한 요리를 소개해 주세요.

한 걸음 더

▶ 눈앞이 캄캄하다(⇨) 갑자기 생긴 어려운 일 때문에 몹시 당황하다
　　　　　　　　　　　아버지의 사고 소식을 들었을 때 **눈앞이 캄캄했다**.

▶ 눈(을) 뜨다(⇨) 어떤 것에 대해 알기 시작하다
　　　　　　　　언제부터 음악에 **눈을 뜨기** 시작했어요?

▶ 뜨다 • 어젯밤에 늦게까지 일하느라고 아침에 겨우 눈을 떴어요.
　　　　• 날씨가 이렇게 흐린데 비행기가 뜰 수 있을까요?
　　　　• 새해 첫날 한라산에서 해가 뜨는 것을 보았다.

30 발등에 불이 떨어지다

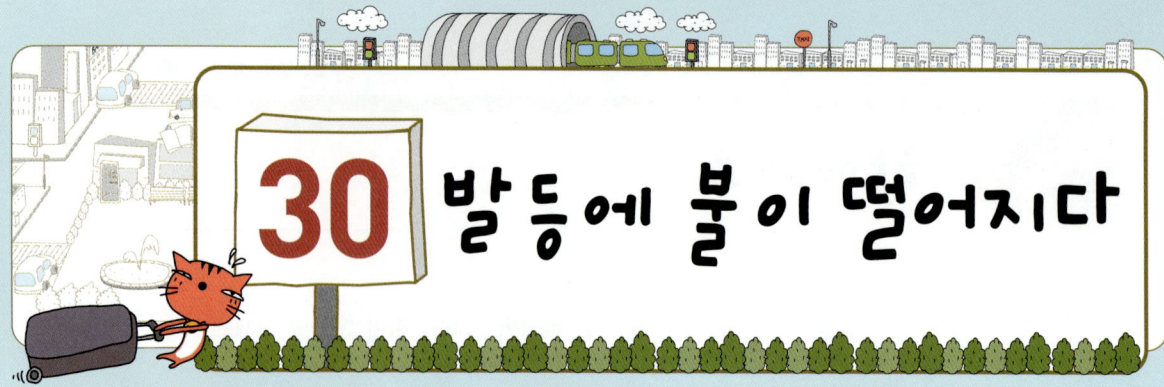

30 발등에 불이 떨어지다 _125

대화

왕 방: 하루 종일 제니 씨가 안 보이네요.
민 수: 제니 씨는 지금쯤 **발등에 불이 떨어졌을** 거예요. 내일 중요한 발표가 있는데 아직 못 끝냈다고 했어요.
왕 방: 뭐든지 미리 준비하는 제니 씨가 웬일이에요?
민 수: 글쎄요. 요즘 제니 씨가 향수병에 걸린 것 같았어요. 며칠 전부터 가족 사진을 자꾸 꺼내 보면서 고향에 있는 가족들이 보고 싶다고 말했어요.
왕 방: 그래요? 민수 씨, 우리 같이 제니 씨를 도와주러 갈래요? 그리고 제니 씨가 좋아하는 초콜릿도 사 갈까요? 우울할 때 초콜릿을 먹으면 기분이 좋아지거든요.
민 수: 좋아요. 그렇지 않아도 그 말을 하려던 참이었어요. **발등에 불이 떨어져서** 제니 씨 발이 많이 아플 테니까 약도 사 갈까요?
왕 방: 농담 그만하고 빨리 가요.

✵ 발등에 불이 떨어지다: 일이 매우 절박하게 닥치다

활용예문

▶ 매일 놀기만 하던 아이들이 **발등에 불이 떨어지자** 서둘러 공부하기 시작했다.
▶ **발등에 불이 떨어졌는데도** 그렇게 팔짱만 끼고 있을 거야?
▶ 가: 급한 일이 있어서 도와 달라고 했는데 승우가 거절했어.
　나: 아마 승우도 회사 일 때문에 **발등에 불이 떨어졌을** 거야.

새 어휘와 문형

☐ 발등　　☐ 떨어지다　　☐ 발표　　☐ 향수병　　☐ 꺼내다　　☐ 초콜릿
☐ 농담　　☐ 서두르다　　☐ -(으)려던 참이다

126_

함께해요

 민수의 생일날 친구들이 모두 모여 밤늦게까지 재미있게 놀고 있어요. 하지만 내일 아침이면 민수의 친구들은 어떻게 될까요? 그림을 보고 문장을 만들어 보세요.

〈새벽 3시 민수의 집〉

> **보기** 정호는 내일 중요한 시험이 있어요. **발등에 불이 떨어졌는데도** 민수와 밤늦게까지 게임을 하고 있어요.

➡ 아사코는 _____.

➡ 왕방은 _____.

➡ 민지는 _____.

한 걸음 더

▶ 발등의 불을 끄다(➡) 급한 일을 해결하다
  선생님이 도와줘서 **발등의 불을 껐지만** 아직도 일이 많이 남았다.

▶ 발이 떨어지지 않다(➡) 마음이 편하지 않아서 못 떠나다
  여자 친구를 두고 군대에 가려고 하니까 **발이 떨어지지 않았다**.

▶ 떨어지다
  • 빗방울이 떨어지는 걸 보니 곧 소나기가 올 것 같아.
  • 오늘은 눈이 오고 기온도 어제보다 떨어지겠습니다.
  • 운동화를 오래 신었더니 바닥이 떨어졌어요.

29_ 눈코 뜰 새 없다   30_ 발등에 불이 떨어지다

연습해요

 보기의 관용어를 넣어서 대화를 만들어 보세요.

보기		
	눈코 뜰 새 없다	눈앞이 캄캄하다
	발등에 불이 떨어지다	발등의 불을 끄다

1 가 : 네 동생은 지금 방에서 뭐 하니?

　　나 : 주말 내내 놀다가 _____ 숙제하고 있어요.

2 가 : 민지 씨, 요즘 얼굴 보기 힘드네요. 많이 바쁜가 봐요.

　　나 : 네, 다음 주에 있을 학교 축제를 준비하느라고 _____.

3 가 : 아이고, 우리 언제 이 일을 끝내죠? 이제 하루밖에 남지 않았는데…….

　　나 : 정말 _____.

4 가 : 쌍둥이를 키우느라고 _____?

　　나 : 아니에요. 남편이 많이 도와줘서 그렇게 바쁘지 않아요.

5 가 : 해외여행 중에 여권을 잃어버려서 _____.

　　나 : 그래서 어떻게 되었어요? 다시 찾았어요?

6 가 : 철수야, 너 바쁜 일은 다 끝났어?

　　나 : 응, 친구가 도와줘서 우선 _____.

여러분이 대화문을 만들어 보세요.

가 : _____

나 : _____

이야기해요

29_ 눈코 뜰 새 없다　**30_** 발등에 불이 떨어지다

눈코 뜰 새 없다 / 발등에 불이 떨어지다

 다음을 읽고 대화를 만들어 보세요.

민지:　거기 자유여행사지요?
　　　이정호 씨 있으면 좀 바꿔주시겠어요?
정호:　전데요. 실례지만 누구세요?
민지:　오빠, 저 민지예요.
정호:　그래, 민지야. 오랜만이구나. 고모와 고모부도 잘 계시지?
민지:　그럼요. 곧 여름 휴가철이라서 **눈코 뜰 새 없죠**?
정호:　그래, 여행사는 이때가 제일 바쁘지. 그런데 무슨 일 있니?
민지:　오빠한테 부탁할 일이 있어서요. 친한 외국인 친구가 급한 일이 생겨서 프랑스에 가야 하는데 표를 못 구하고 있어요. 친구 **발등에 불이 떨어졌는데** 오빠가 좀 도와주세요.
정호:　글쎄, 지금은 비행기 표 구하기가 힘들 텐데……. 혹시 예약이 취소된 게 있을지 모르니까 잠깐만 기다려 봐. 언제 출발해야 하니?
민지:　_____.
정호:　_____.

 위의 대화문을 읽고 질문에 대답하세요.

1　민지와 정호는 어떤 관계예요?
2　민지는 왜 정호에게 전화했어요?
3　여러분 주위에 가장 눈코 뜰 새 없이 바쁜 사람은 누구예요?

새 어휘　☐ 고모　☐ 고모부　☐ 휴가철　☐ 취소되다

31 바가지(를) 쓰다

대화

지 영: 여기 정말 비싸지 않니? 이제 돈이 얼마 안 남았어. 저녁은 편의점에서 컵라면이나 사 먹어야겠어.

에 릭: 그래. 이 식당은 너무 비싼 것 같아. 다른 식당에서 먹을 걸 그랬어.

지 영: 다른 식당에 가도 마찬가지였을 거야. 원래 관광지는 다른 곳에 비해서 값이 비싼 편이야.

에 릭: 그래. 그건 미국도 마찬가지야. 하지만 비빔밥 한 그릇에 만오천 원은 너무 비싼 것 같아.

지 영: 우리가 **바가지를 쓴** 것 같아. 가격표도 안 보고 주문한 게 실수였어. 집에서 도시락을 준비해 올 걸 그랬어.

에 릭: 기분은 안 좋지만 빨리 잊어버리자. 그래도 비빔밥은 맛있었잖아.

✳ 바가지를 쓰다: 요금이나 물건 값을 실제 가격보다 비싸게 내다

활용예문

▶ 귀고리를 하나 샀는데 **바가지를 쓴** 것 같아요.
▶ 나는 이걸 3만 원에 샀는데 친구는 2만 원에 샀대. **바가지를 썼나** 봐.
▶ 가: 낯선 곳에서는 **바가지 쓸** 수도 있으니까 조심하세요.
  나: 맞아요. 잘 모르는 곳에서는 쇼핑하기가 겁나요.

새 어휘와 문형

☐ 편의점 ☐ 컵라면 ☐ 원래 ☐ 관광지 ☐ 마찬가지 ☐ 바가지 ☐ 쓰다
☐ 가격표 ☐ 도시락 ☐ 귀고리 ☐ 낯설다 ☐ -에 비해(서)

함께해요

 친구와 같이 시장 놀이를 해 보세요.

한 사람은 물건을 팔고, 한 사람은 물건을 사야 합니다. 물건을 사는 사람은 원래의 가격보다 싸게 사기 위해서 물건 값을 깎아야 하고 물건을 파는 사람은 원래의 가격보다 비싸게 팔아 보세요.

한 걸음 더

▶ 바가지(를) 씌우다(⇨) **요금이나 물건 값을 실제 가격보다 비싸게 내게 하다**
여름에 해수욕장에서는 상인들이 손님들에게 **바가지를 씌우는** 일이 많다.

▶ 바가지(를) 긁다(⇨) **주로 아내가 남편에게 잔소리를 심하게 하다**
오늘도 술 마시고 집에 들어가면 아내가 **바가지를 긁을** 거예요.

▶ 쓰다 //
- 오늘 배운 문장을 공책에 두 번씩 써 오세요.
- 저기 파란 색 야구 모자를 쓴 남학생이 우리 형이에요.
- 요즘 대부분의 아이들은 컴퓨터를 쓸 줄 안다.

32 비행기(를) 태우다

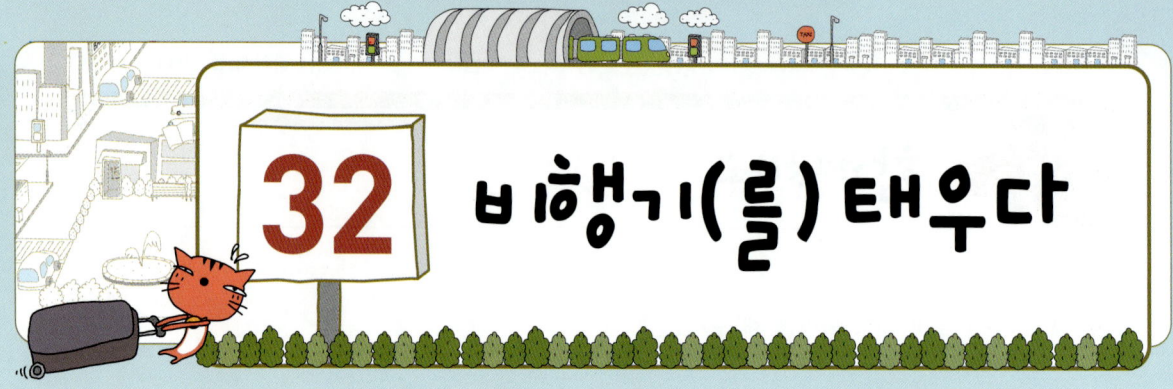

대화

마리오: 지영 씨, 뭘 그렇게 열심히 써요?
지 영: 승우 씨에게 편지를 쓰고 있어요.
마리오: 매일 만나는데 편지를 쓸 필요가 있어요?
지 영: 어떤 부부가 서로를 칭찬해 주는 편지를 책으로 펴냈는데 아주 감동적이었어요. 힘든 일이 있을 때마다 그 편지들이 많은 도움이 되었대요. 그래서 저도 승우 씨에게 써 보려고요.
마리오: 와! 승우 씨는 참 좋겠어요. 지영 씨는 얼굴은 물론이고 마음도 예쁘네요. 한국 여자들은 모두 지영 씨처럼 예쁘고 착해요?
지 영: **비행기 태우지** 마세요. 이렇게 비행기를 타다가는 멀미하겠어요. 그래도 기분은 좋은데요.
마리오: 그건 **비행기 태우는** 게 아니라 칭찬이에요. **비행기 태우는** 것과 칭찬하는 것은 다르잖아요.

✽ 비행기(를) 태우다: 다른 사람을 지나치게 칭찬하다

활용예문

▶ **비행기 태우는** 줄 알았지만 잘 어울린다고 하는 점원의 말을 듣고 옷을 두 벌이나 사 버렸다.
▶ 어지러우니까 **비행기** 그만 **태워요**. 저보다 더 잘하는 사람도 많아요.
▶ 가: 아빠, 아무리 찾아봐도 아빠처럼 멋진 남자가 없는 것 같아요.
  나: **비행기 태우지** 말고 솔직히 말해 봐. 용돈이 필요하니?

새 어휘와 문형

☐ 칭찬하다   ☐ 펴내다   ☐ 도움   ☐ 태우다   ☐ 멀미하다
☐ 어지럽다   ☐ 솔직하다   ☐ 용돈   ☐ -은/는 물론(이고)

134_

 함께해요

 다음 상황을 보고 친구와 함께 비행기를 태워 봅시다.

칠판을 닦아 주어서 고마워.
민우는 공부도 잘하고 마음씨도 착하구나.

| 우리 반 친구 이름 : | |

한 걸음 더

▶ 태우다
- 길을 잃은 할머니를 댁까지 태워 드렸어요.
- 아버지는 마당에서 낙엽을 태우고 계셨다.
- 강한 햇볕에 피부를 태우면 화상을 입을 수도 있어요.

연습해요

31_ 바가지(를) 쓰다 **32_** 비행기(를) 태우다

 보기의 관용어를 넣어서 대화를 만들어 보세요.

보기		
바가지 쓰다	바가지 씌우다	비행기를 태우다

1 가 : 민수는 _____는 말을 너무 자주 해요.

　나 : 맞아요. 그런데 거짓말인 줄 알면서도 기분은 좋아요.

2 가 : 민지는 내 모자랑 같은 걸 만 원이나 싸게 샀대.

　나 : 너 _____구나.

　가 : 응, 다음부터는 잘 알아보고 사야겠어.

3 가 : 관광지에서 _____는 방법이 없을까요?

　나 : 인터넷으로 한번 알아보세요. 정해진 요금만 받는 곳도 많아요.

4 가 : 시장에는 싸고 좋은 물건이 많아서 자주 가는 편이에요.

　나 : 시장에서도 손님들에게 _____는 곳이 많으니까 잘 비교해 보고 사야 해요.

5 가 : 구두쇠인 과장님이 어떻게 밥값을 내셨어?

　나 : 과장님처럼 멋진 분과 일하게 된 것이 행운이라고 _____.

여러분이 대화문을 만들어 보세요.

가 : _____

나 : _____

이야기해요

31_ 바가지(를) 쓰다 32_ 비행기(를) 태우다

바가지(를) 쓰다 / 비행기(를) 태우다

 다음 대화를 완성해 보세요.

어머니: 여보, 이 코트 어때요? 시장에 갔다가 한 벌 샀어요. 예쁘지요?

승 우: 어머니도 그렇게 입으시니까 영화배우 같아요. 잘 어울리는데요.

어머니: 그럼. 밖에 나가면 사람들이 나 보고 아가씨라고 해.

아버지: 얼마 줬어요?

어머니: 십이만 원밖에 안 줬어요.

아버지: 쯧쯧, 당신이 **바가지 쓴** 거예요. 우리 학교 김 선생님이 오늘 이 코트랑 똑같은 걸 입고 왔는데 칠만 원에 샀대요.

어머니: 그럼 그 아가씨가 나한테 바가지 씌웠다는 말이에요? 나한테 너무 잘 어울려서 특별히 더 싸게 판다고 했는데요.

승 우: 하하하, 어머니. 그건 장사하는 사람들이 항상 하는 말이에요. **비행기를 태워서** 기분 좋게 한 다음에 물건을 파는 거죠. 그 말을 다 믿으셨어요?

어머니: _____.

아버지: _____.

 위의 대화문을 읽고 질문에 대답하세요.

1 어머니는 그 코트를 얼마나 더 비싸게 샀어요?
2 승우는 장사하는 사람들이 어떻게 물건을 판다고 생각해요?
3 물건을 살 때 바가지를 쓰지 않으려면 어떻게 해야 할까요?

| 새 어휘 | ☐ 똑같다 ☐ 특별하다 ☐ 장사하다 |

33 발목(을) 잡다

대화

지 영: 에릭 씨, 민수 할머니 댁에 갔다 왔다면서요? 한국의 시골은 어땠어요?
에 릭: 계속 서울에서만 생활하다가 시골에는 처음 갔는데 공기도 깨끗하고 경치도 아름다웠어요. 특히 사람들이 아주 친절했어요.
지 영: 민수 씨 할머니께서 에릭 씨를 많이 좋아하시지요? 할머니께서는 정이 많으셔서 에릭 씨를 손자처럼 생각하셨을 거예요.
에 릭: 네, 정말 그랬어요. 맛있는 음식도 많이 만들어 주셨어요. 밤마다 고구마도 구워 주시고 옛날이야기도 해 주셨어요.
지 영: 그래서 얼마 동안 할머니 댁에 있었어요?
에 릭: 처음에는 이틀 동안 있기로 했는데 할머니께서 하도 민수의 **발목을 잡으셔서** 나흘 동안이나 머물렀어요.

✻ 발목(을) 잡다: 머물러 있게 하거나 어떤 일을 못하게 하다

활용예문

▶ 골치 아픈 일들이 내 **발목을 잡고** 있어서 계획한 일을 하지 못했어요.
▶ 실업 문제가 경제 성장의 **발목을 잡고** 있다.
▶ 가: 인사동에서 하는 거리 공연을 본 적이 있어요?
  나: 아니요. 아직 본 적은 없지만 그 공연이 많은 외국 사람들의 **발목을 잡는다**고 들었어요.

새 어휘와 문형

□ 시골   □ 정이 많다   □ 손자   □ 고구마   □ 하도
□ 굽다   □ 발목   □ 잡다   □ 머무르다 □ 실업
□ 경제 성장   □ -다면서(요)

33 발목(을) 잡다 _139

함께해요

 제니는 얼마 전에 춘천에 다녀왔습니다. 그곳을 여행하는 도중 제니의 발목을 잡은 장소와 음식을 소개합니다.

드라마 '겨울연가'를 본 후에 춘천의 남이섬에 가게 되었어요. 메타세쿼이아 가로수 길로 유명한 남이섬에는 밤나무, 은행나무, 소나무 등 여러 종류의 나무들이 아름답게 서 있어서 산책하기에 너무 좋았어요. 정말 잊을 수 없는 곳이에요. 다음에는 부모님과 같이 꼭 다시 가려고 해요.

춘천에서 가장 대표적인 음식은 '닭갈비'예요. 닭갈비는 양념된 닭과 상추, 양파, 마늘, 고추 등 여러 가지의 재료를 큰 철판 위에 놓고 볶아서 먹어요. 특히 남은 양념에 밥을 볶아 먹는데 매콤하고 정말 맛있어요.

 여행을 하면서 여러분의 발목을 잡은 장소, 음식, 공연 그리고 사람이 있다면 소개해 주세요.

한 걸음 더

▶ 발목(을) 붙잡다(=)   아름다운 바이올린 연주가 거리를 오고가는 사람들의 **발목을 붙잡았다.**

▶ 발목(을) 잡히다(⇨)   ①어떤 일에서 벗어나지 못하다 ②약점을 잡히다
일찍 집에 가고 싶었지만 친구들에게 **발목을 잡혀** 갈 수 없었다.

▶ 잡다
• 경찰이 한 달 만에 범인을 잡았어요.
• 출퇴근 시간에는 택시 잡기가 힘듭니다.
• 기회가 오면 놓치지 말고 꼭 잡으세요.

34 애(를) 먹다

대화

제 니: 지영 씨, 많이 피곤해 보여요.

지 영: 언니가 회사 일로 출장을 가서 요즘 조카들을 봐 주고 있는데 장난이 심해서 **애를 먹고** 있어요.

제 니: 지난번에 보니까 조카들이 착하고 말도 잘 듣던데요.

지 영: 그건 잠깐이에요. 계속 놀아 달라고 하고 이것저것 사 달라고 할 때는 정말 피곤하고 귀찮아요. 게다가 마음에 안 드는 일이 있으면 하루 종일 떼쓰고 울거든요.

제 니: 난 아이들을 무척 좋아해서 재미있게 놀아 줄 수 있을 것 같은데.

지 영: 하지만 아이들을 보는 일은 쉽지 않아요. 어제는 조카들을 데리고 놀이공원에 갔었는데 내가 잠깐 화장실에 간 사이에 없어진 거예요. 조카들을 찾느라고 정말 **애 먹었어요**.

제 니: 그랬어요? 정말 큰일 날 뻔했네요. 그래도 조카를 찾아서 다행이에요.

✽ 애(를) 먹다: 고생을 많이 하다

활용예문

▶ 처음에 한국에 왔을 때 음식이 입에 맞지 않아서 **애를 먹었어요**.
▶ 혼자 이삿짐을 옮기느라고 **애를 먹었다**.
▶ 가: 비행기를 탈 때 마다 멀미 때문에 **애를 먹어요**.
  나: 저도 그래요. 비행기를 오래 타면 머리가 아프고 어지러워요.

새 어휘와 문형

☐ 출장 ☐ 조카 ☐ 장난 ☐ 애 ☐ 귀찮다 ☐ 떼쓰다
☐ 놀이 공원 ☐ 옮기다 ☐ -(으)ㄹ 뻔하다

 회사원 이승우 씨는 오늘 정말 힘든 하루를 보냈어요. 아래 그림을 보고 승우 씨에게 무슨 일이 있었는지 이야기해 보세요.

복잡한 출퇴근 시간에 지하철을 타느라고 정말 애를 먹었어요.

 여러분은 어떤 일 때문에 애를 먹었어요?

한 걸음 더

▶ 애(가) 타다(⇨)   **몹시 걱정하고 안타까워하다**
　　　　　　　　　연락이 끊긴 친구의 소식을 **애타게** 기다리고 있어요.

▶ 애(를) 쓰다(⇨)   **마음과 힘을 다하여 힘쓰다**
　　　　　　　　　어린 아이가 걸으려고 **애를 쓰지만** 자꾸 넘어진다.

▶ 애 ✎　　　　　• 초조하고 걱정이 많은 마음속
　　　　　　　　• '창자'의 옛말
　　　　　　　　• '아이'의 준말

33_ 발목(을) 잡다   **34_** 애(를) 먹다

보기의 관용어를 넣어서 대화를 만들어 보세요.

| 보기 |
| 발목을 잡다   발목을 잡히다   애를 먹다   애가 타다 |

1 가: 어제 축구 경기에서 우리 팀이 이겼지요?

나: 아니요, 이길 수도 있었는데 작은 실수가 _____ 결승전에 올라가지 못했어요.

2 가: 어제 준기한테 빌린 책은 찾았어요?

나: 네, 겨우 찾았어요. 그 책을 찾느라고 _____.

3 가: 이번 주말에 같이 스키장에 갈래요?

나: 저도 가고 싶은데 회사 일에 _____ 갈 수 없어요.

4 가: 유학 간 친구한테서 전화가 오기를 _____ 게 기다리는데 아직까지 아무 연락이 없어요.

나: 아마 눈코 뜰 새 없이 바쁠 거예요.

5 가: 어젯밤에 우리 아이가 밤새도록 울어서 _____.

나: 왜요? 아이가 많이 아팠어요?

6 가: 고향 친구가 오늘 일본으로 돌아갔어요?

나: 아뇨, 제가 조금 더 있다가 가라고 _____ 내일 떠나기로 했어요.

여러분이 대화문을 만들어 보세요.

가: _____

나: _____

144_

33_ 발목(을) 잡다　34_ 애(를) 먹다

이야기해요

발목(을) 잡다 / 애(를) 먹다

 다음을 읽고 대화를 만들어 보세요.

민지: 요코 씨는 어떻게 한국어를 배우게 되었어요?
요코: 태권도를 배우려고 한국에 왔는데 말이 통하지 않아서 **애를 먹었어요**.
민지: 그래서 한국어를 배우기 시작했군요.
요코: 네, 한국어를 배운 후에는 한국 사람들과 쉽게 어울리고 한국 문화에 대해서도 쉽게 이해할 수 있었어요. 민지 씨도 일본에서 유학 생활을 했지요?
민지: 네, 처음에는 나도 요코 씨처럼 말 때문에 **애를 먹었어요**. 혼자서는 아무것도 할 수 없었거든요. 서투른 일본어 실력이 사사건건 내 **발목을 잡았어요**. 그래서 더 열심히 일본어를 공부했어요. 요코 씨는 요즈음 한국 생활에 다른 어려움은 없어요?
요코: _____.
민지: _____.

 위의 대화문을 읽고 질문에 대답하세요.

1　요코는 왜 한국어를 배우기 시작했어요?
2　요코가 한국어를 배운 후에 달라진 것은 뭐예요?
3　여러분이 한국 생활에서 가장 애를 먹은 일은 뭐예요?

| 새 어휘 | ☐ 말이 통하다 | ☐ 서투르다 | ☐ 실력 | ☐ 사사건건 | ☐ 어려움 |

35 손발(이) 맞다

대화

선생님: 자, 오늘은 지난주에 말한 대로 문법 시험을 보겠어.
학생들: 네? 무슨 시험요? 그런 말씀을 하신 적이 없는데요.
선생님: 지난주에 분명히 말했잖아. 반장, 오늘 시험 본다고 했지?
반 장: 글쎄요, 생각이 잘 안 나요. 다음 주 수요일이라고 하신 것 같은데요.
학생1: 맞아요. 선생님. 다음 주 수요일이에요. 우리 반에서 기억력이 제일 좋은 반장의 말이 맞을 거예요.
선생님: 하하하. 이 녀석들 **손발이** 척척 **맞는구나**. 만약에 시험 보기 싫어서 거짓말을 하는 거면 혼날 줄 알아.
학생2: 거짓말이라니요? 반장처럼 착한 모범생이 거짓말을 할 리가 없잖아요.
선생님: 좋아. 오늘 시험을 안 보는 대신 다음 주 시험 문제는 훨씬 더 어렵게 낼 거야. 모두 열심히 공부해야 할 거야.

✱ 손발(이) 맞다: 일을 할 때 생각이나 행동이 다른 사람과 일치하다

활용예문

▶ **손발이** 안 **맞는** 사람과 같이 일하기는 정말 힘들다.
▶ 우리는 쌍둥이라서 생각도 비슷하고 **손발도** 잘 **맞아요**.
▶ 가: 저 두 사람 **손발이** 척척 **맞네**.
　나: 오랫동안 함께 일해서 눈빛만 봐도 무슨 생각을 하는지 안대요.

새 어휘와 문형

□ 반장　　□ 기억력　　□ 녀석　　□ 척척　　□ 혼나다　　□ 모범생
□ 쌍둥이　□ 눈빛　　　□ -(으)ㄹ 리가 없다

35 손발(이) 맞다 _147

함께해요

 친구와 같이 '스피드 퀴즈' 게임을 해 보세요.

> **게임설명**
>
>
>
> 여러 가지 단어를 쓴 카드를 준비해 두고 두 사람씩 팀을 만듭니다. 한 사람은 단어를 보며 설명을 하고 나머지 한 사람은 설명을 듣고 단어를 맞히는 게임입니다. 정해진 시간 안에 많은 단어를 맞힌 두 사람이 이기게 됩니다. 어느 팀이 가장 손발이 잘 맞을까요?

 친구와 같이 '연상 퀴즈' 게임을 해 보세요.

> **게임설명**
>
> 한 사람이 단어 카드를 하나 선택합니다. 그리고 그 단어를 표현할 수 있는 네 개의 단어를 말합니다. 그러면 나머지 한 사람이 그 단어들을 듣고 빨리 정답을 말하면 이깁니다.
>
> 보기 : 배추, 냉장고, 볶음밥, 찌개
> 정답 : 김치!

한 걸음 더

▶ 손발이 따로 놀다(↔) 이렇게 **손발이 따로 노는데** 언제 이 일을 끝낼 수 있을까요?
▶ 손(이) 빠르다(⇨) 일을 빨리 하다
언제 이 많은 음식을 준비하셨어요? 정말 **손이 빠르군요**.
▶ 손(을) 잡다(⇨) 서로 도와 가며 일하다
우리 회사는 내년부터 외국 기업과 **손을 잡고** 일하기로 했습니다.

36 쥐도 새도 모르게

대화

잠깐 전화를 받는 사이에 쥐도 새도 모르게 가방이 없어졌어.

잘 찾아보셨어요? 큰일이네요.

아주머니: 저기, 학생! 혹시 여기에 있던 까만색 가방 못 봤어?
민　　수: 가방요? 못 봤는데요.
아주머니: 분명히 여기에 두었는데 잠깐 전화를 받는 사이에 **쥐도 새도 모르게** 가방이 없어졌네.
민　　수: 잘 찾아보셨어요? 큰일이네요.
아주머니: 어휴, 어떻게 하지? 지갑 안에 현금이랑 신용카드도 들어 있는데.
민　　수: 제가 도와드릴 테니까 너무 걱정하지 마세요. 주위를 다시 한 번 살펴보고 경찰서에 가 보는 것이 좋겠어요. 까만색 가방이라고 하셨지요?
아주머니: 경찰이 내 가방을 찾을 수 있을까?
민　　수: 먼저 카드 분실신고부터 해야겠네요.
아주머니: 학생, 도와줘서 정말 고마워. 나 혼자였으면 찾을 생각도 못했을 거야.

✽ 쥐도 새도 모르게: 아무도 모르게

활용예문

▶ 그녀는 한마디 인사도 없이 **쥐도 새도 모르게** 떠나 버렸다.
▶ 책상 위에 둔 서류가 **쥐도 새도 모르게** 사라졌어요.
▶ 가: 어제 옆집에 도둑이 들어 **쥐도 새도 모르게** 집에 있는 현금을 가져갔대요.
　나: 어머나, 그게 정말이에요?

새 어휘와 문형

□ 현금　　□ 신용카드　　□ 살펴보다　　□ 분실신고　　□ 한마디　　□ 서류
□ 도둑　　□ -(으)ㄹ 생각도 못하다

함께해요

 다음의 글을 읽고 친구와 같이 이야기해 보세요.

'버뮤다 삼각지대 – 쥐도 새도 모르게 사라지는 곳'

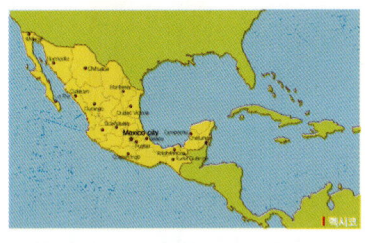 

　　미국 플로리다 주의 마이애미와 버뮤다 제도, 그리고 서인도 제도의 푸에르토리코 섬을 삼각으로 연결하는 곳이 있는데 사람들은 이곳을 '죽음의 버뮤다 삼각지대'라고 부른다. 왜냐하면 1609년부터 이곳에서 많은 배들이 쥐도 새도 모르게 사라졌기 때문이다. 1945년 이후에는 61척의 배와 40대의 비행기가 사라졌으며 1973년에는 2만 톤이나 되는 노르웨이의 화물선이 사라졌다. 1840년대부터 '악마의 바다'로 불린 버뮤다의 삼각지대는 당시 그곳에서 살아난 사람들로부터 많은 경험담과 소문이 퍼지기 시작하게 되었다. 그 후 사람들은 그 곳을 피해 다녔다. 하지만 이런 소문을 믿지 않고 악마의 바다로 갔던 사람들 중에는 영원히 돌아오지 못한 사람들도 있었다.

 여러분이 알고 있는 신비한 이야기들을 소개해 주세요.

한 걸음 더

▶ 쥐죽은 듯하다(⇨)　　**매우 조용하다**
　　　　　　　　　　　선생님이 들어오시자 시끄러운 교실이 **쥐죽은 듯이** 조용해졌다.

▶ 쥐구멍에 들어가다(⇨)　**몹시 부끄러워 그 자리를 피하고 싶다**
　　　　　　　　　　　여자 친구 앞에서 그런 실수를 하다니 정말 **쥐구멍에 들어가고** 싶었다.

36 쥐도 새도 모르게 _151

35_ 손발(이) 맞다 36_ 쥐도 새도 모르게

연습해요

 보기의 관용어를 넣어서 대화를 만들어 보세요.

| 보기 | 손발이 맞다   손이 빠르다   쥐도 새도 모르게   쥐죽은 듯하다 |

1 가 : 교실이 _____ 조용한데 무슨 일이 있어?

　나 : 곧 기말 시험이 시작되잖아. 몰랐어?

2 가 : _____ 아이가 사라졌다지요?

　나 : 네, 저도 그 뉴스 봤어요. 정말 무서운 세상이에요.

3 가 : 마이클 씨, 이번에도 같이 일하게 되어서 정말 기뻐요.

　나 : 저도 그래요. 우리는 _____ 잘 할 수 있을 거예요.

4 가 : 언니 결혼 선물로 주려고 이틀 만에 만든 방석이에요.

　나 : 아주 예쁘네요. 이걸 이틀 만에 만들었어요? 정말 _____.

5 가 : 밤새 _____ 첫눈이 내렸네.

　나 : 응, 아침에 일어나 보니까 세상이 온통 눈으로 덮여 있었어.

6 가 : 만화책 좋아하세요? 탐정 만화는 이 책이 제일 재미있지요?

　나 : 네, _____ 는 주인공이 사건을 해결하는 게 정말 재미있어요.

 여러분이 대화문을 만들어 보세요.

　가 : _____

　나 : _____

152_

35_ 손발이 맞다 36_ 쥐도 새도 모르게

이야기해요

손발(이) 맞다 / 쥐도 새도 모르게

 다음 대화를 완성해 보세요.

경하: 우리가 몰래 준비한 케빈의 깜짝 생일 파티를 못 하게 됐어요.

재영: 네? 그게 갑자기 무슨 말이에요?

경하: 글쎄, 소현 씨가 케빈에게 깜짝 파티 이야기를 한 모양이에요. 케빈이 이미 다 알고 있더라고요.

재영: 정말이에요? 비밀로 하자고 약속했는데 정말 **손발이 안 맞네요**. 이제 어떻게 하지요?

경하: 케빈이 눈치를 챘으니까 깜짝 파티는 안 되겠어요. **쥐도 새도 모르게** 준비하고 있었는데 이렇게 끝나 버려서 아쉬워요.

재영: 저도 그래요. 케빈에게 특별한 생일 파티를 열어 주고 싶었는데. 그래도 생일 파티는 준비해야겠지요?

경하: _____.

재영: _____.

 위의 대화문을 읽고 질문에 대답하세요.

1 케빈을 위한 깜짝 생일 파티는 왜 못 하게 되었어요?
2 여러분은 만약 친구들이 자신의 생일 파티를 몰래 준비하고 있다는 것을 알게 되었다면 어떻게 하겠어요?

새 어휘   ☐ 깜짝 파티   ☐ 약속하다   ☐ 눈치(를) 채다

37 손(을) 보다

대화

지 영: 컴퓨터가 또 고장이야. 빨리 리포트를 써야 하는데.
민 수: 또 고장이 났어? 얼마 전에도 **손을 봤잖아**.
지 영: 맞아. 우리 조카가 컴퓨터를 만지고 나면 항상 고장이 나.
민 수: 이번에도 그 조카 때문이야? 컴퓨터를 쓰지 말라고 하지.
지 영: 물론 그랬지. 그런데 이 녀석이 나 몰래 쓰다가 또 고장을 낸 거야. 내가 아무리 말해도 듣지 않아. 정말 속상해 죽겠어.
민 수: 미운 일곱 살이라더니 그 말이 맞나 봐. 아이고, 말썽꾸러기 녀석! **손 좀 봐야겠네**. 내가 도와줄 일이 있으면 말해.
지 영: 그럼 내 컴퓨터 **손 좀 봐줄래**? 바쁠 텐데 귀찮게 해서 미안해.
민 수: 괜찮아. 네 컴퓨터 **손봐주는** 김에 네 방 구경도 하고 좋지, 뭐.
지 영: 그래? 집에 가서 빨리 방청소 해야겠다.

✽ 손(을) 보다: ① 고치다 ② 혼내 주다

활용예문

▶ 세탁기가 또 고장 나서 **손 좀 봐야할** 것 같아요.
▶ 누가 너를 괴롭히니? 내가 **손봐줄** 테니 걱정하지 마.
▶ 가: 휴대폰 전원이 자꾸 저절로 꺼져서 정말 불편해요.
   나: 빨리 **손봐야겠군요**. 중요한 연락을 못 받을 수도 있잖아요.

새 어휘와 문형

☐ 만지다   ☐ 밉다   ☐ 말썽꾸러기   ☐ 세탁기   ☐ 괴롭히다   ☐ 전원
☐ 저절로   ☐ 꺼지다   ☐ -는 김에

함께해요

 여러분의 손금은 어떤 모양이에요? 손금을 보면서 친구와 이야기해 보세요.

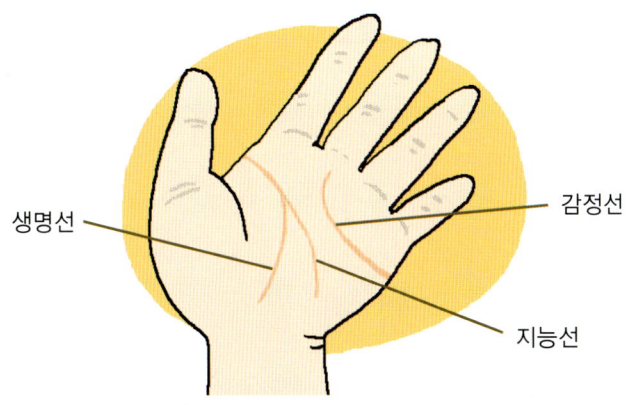

◉ 생명선	– 선이 굵고 길고 선명하면 건강하고 오래 산다. 　선이 가늘고 주변에 실선이 많으면 건강하지 않다. 　선이 넓게 구부러져 있으면 운이 좋다.
◉ 감정선	– 선이 길면 정이 많고 감성적이다. 　선이 짧으면 이성적이다. 　선이 위로 향하면 낙천주의자다. 　선이 아래로 향하면 비관주의자다.
◉ 지능선	– 선이 굵고 선명하면 머리가 좋다. 　선이 감정선에 가까우면 현실주의자다. 　선이 생명선에 가까우면 이상주의자다.

한 걸음 더

▶ 손(을) 쓰다(⇨)　**필요한 해결 방법을 쓰다**
　　　　　　　　　병원부터 가 보세요. 빨리 **손쓰지** 않으면 큰일 날 거예요.
▶ 손(을) 씻다(⇨)　**관계를 끊고 나쁜 일을 그만하다**
　　　　　　　　　이제 **손을 씻고** 새로운 인생을 살아 보려고 해요.
▶ 손에 익다(⇨)　**일에 익숙하다**
　　　　　　　　　아직 운전이 **손에 익지** 않아서 장거리 운전은 힘들어요.

38 한눈(을) 팔다

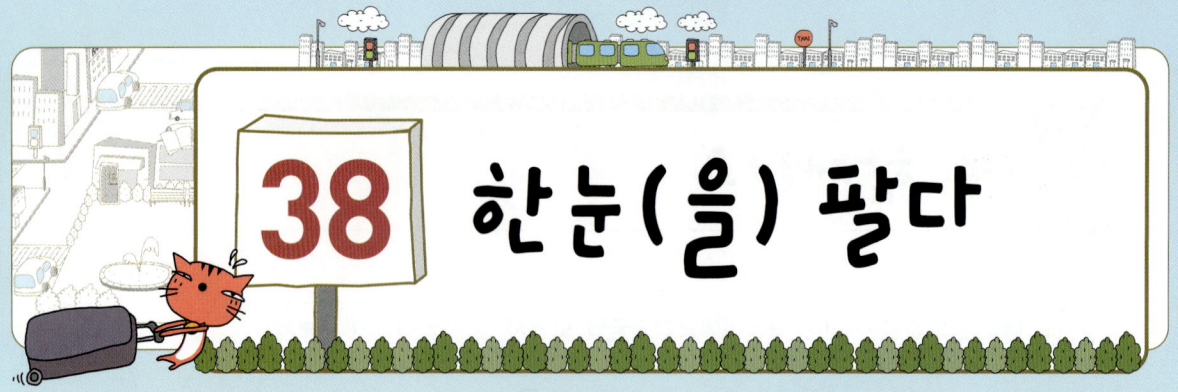

38 한눈(을) 팔다 _157

대화

사회자 : 여러분 안녕하십니까? 오늘은 '인생'이라는 소설로 '올해의 최고 작가상'을 받은 김현자 씨를 모시고 이야기를 나누도록 하겠습니다. 김현자 씨, 먼저 축하의 말씀을 드립니다.

김현자 : 네, 제 책을 사랑해 주시는 모든 분들께 진심으로 감사드립니다. 앞으로 **한눈팔지** 말고 열심히 하라는 뜻으로 알겠습니다.

사회자 : 그런데 이 책을 쓰시면서 건강이 나빠지셨다고 들었습니다.

김현자 : 지난 2년 동안 글쓰기에만 몰두하다 보니 건강에 신경을 쓰지 못했습니다. 지금은 많이 좋아졌습니다.

사회자 : 정말 다행입니다. 그럼 책 소개를 간단히 부탁드립니다.

김현자 : 남편과 자식 밖에 모르고 살던 한 여자가 잠시 **한눈을 팔게** 되는데 그때 진정한 사랑을 알게 된다는 내용입니다.

사회자 : 이 책이 이렇게 사랑받는 이유는 무엇이라고 생각하십니까?

✱ 한눈(을) 팔다 : ① 다른 생각이나 행동을 하다 ② 외도를 하다

활용예문

▶ 운전할 때는 절대로 **한눈을 팔면** 안 돼요.
▶ 나 몰래 **한눈팔면** 용서하지 않을 거야!
▶ 가: 많은 가수들이 드라마에 출연하지만 이 가수는 **한눈팔지** 않아요.
　 나: 맞아요. 그래서 나도 이 가수가 참 좋아요.

새 어휘와 문형

☐ 작가　　☐ 모시다　　☐ 진심　　☐ 팔다　　☐ 몰두하다　　☐ 신경(을) 쓰다
☐ 간단히　☐ 자식　　　☐ 용서하다　☐ 출연하다　☐ -다 보니(까)

 함께해요

 누가 먼저 미로에서 빠져나올 수 있을까요? 한눈을 팔면 탈출할 수 없어요. 친구와 같이 해 보세요.

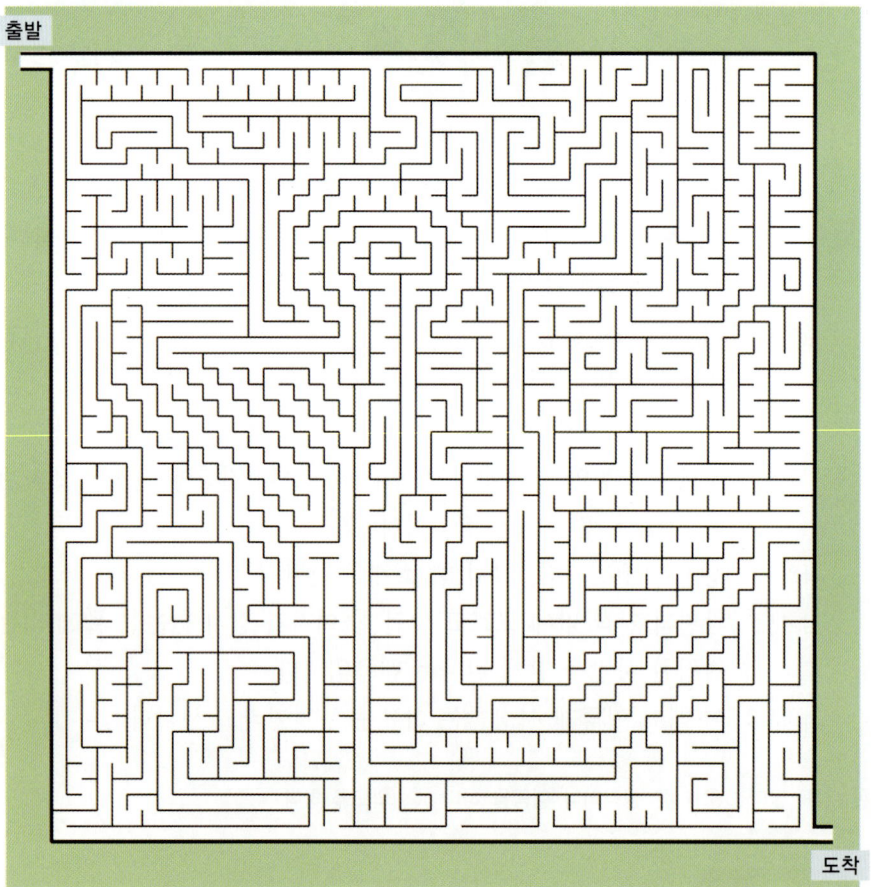

한 걸음 더

▶ 눈에 밟히다(⇨)   **자꾸 생각나다**
　　　　　　　　　쇼윈도 안에 걸려 있던 빨간 원피스가 자꾸 **눈에 밟혀요**.

▶ 눈(이) 맞다(⇨)   **남녀간에 사랑의 뜻이 통하다**
　　　　　　　　　매일 남자 친구의 편지를 받던 그녀는 우체부와 **눈이 맞아** 버렸다.

▶ 팔다　　　　　• 저희 어머니는 20년 동안 시장에서 생선을 팔고 계십니다.
　　　　　　　　• 성공 때문에 양심을 팔고 싶지는 않습니다.

연습해요

37_ 손(을) 보다   38_ 한눈(을) 팔다

 보기의 관용어를 넣어서 대화를 만들어 보세요.

보기
손을 보다   손을 쓰다   한눈을 팔다   눈에 밟히다

1. 가: 오늘부터 _____지 않고 공부에만 열중하기로 마음먹었어.
   나: 잘 생각했어. 지금이라도 늦지 않았으니까 열심히 해 봐.

2. 가: 하루 종일 일도 안하고 왜 그래요?
   나: 병원에 있는 아이 얼굴이 자꾸 _____ 일을 못 하겠어요.

3. 가: 지난주부터 계속 라디오가 이상해요.
   나: 제가 _____?

4. 가: 수출 계약이 취소될 뻔 했다지요?
   나: 네, 다행히 빨리 _____ 일이 잘 해결됐어요.

5. 가: 손이 왜 그렇게 부었어? 다쳤어?
   나: 친구를 괴롭히는 못된 아이들을 _____다가 이렇게 됐어.

6. 가: 빙판길에서 _____다가 미끄러졌어요.
   나: 좀 조심하지 그랬어요. 다친 데는 없어요?

여러분이 대화문을 만들어 보세요.

가: _____
나: _____

37_ 손(을) 보다   **38_** 한눈(을) 팔다

이야기해요

손(을) 보다 / 한눈(을) 팔다

 다음 대화를 완성해 보세요.

민지: 준기 씨, 지하철역까지 좀 태워줄래요?
준기: 어떡하지요? 오늘 지하철을 타고 왔는데요.
민지: 왜 오늘은 지하철을 타고 왔어요?
준기: 어제 교통사고가 나서 차를 **손보는** 중이에요.
민지: 어머, 사고가 났어요? 안 다쳤어요?
준기: 네, 다치지는 않았는데 좀 놀랐어요. 운전 중에 **한눈을 팔다가** 앞차를 박았거든요.
민지: 운전하면서 **한눈을 팔면** 어떻게 해요? 예쁜 여자라도 지나갔어요?
준기: 하하하, 어떻게 알았어요?
민지: 정말이에요?
준기: 농담이에요. 길에서 드라마 촬영하는 것을 정신없이 보다가 사고가 난 거예요. 민지 씨가 좋아하는 드라마였어요.
민지: _____.
준기: _____.

 위의 대화문을 읽고 질문에 대답하세요.

1 준기는 오늘 왜 지하철을 타고 왔어요?
2 민지는 준기가 한눈을 판 이유를 뭐라고 생각했어요?
3 여러분이 한 눈을 팔게 될 때는 언제예요?

| 새 어휘 | ☐ 태워주다 | ☐ 박다 | ☐ 촬영하다 |

39 제 눈에 안경이다

대화

아사코: 마리오 씨, 사람들이 사랑에 빠지면 예뻐지나 봐요.
마리오: 그게 무슨 소리예요?
아사코: 제니 씨가 요즘 연애를 해서 그런지 점점 예뻐지는 것 같아서요.
마리오: 제니 씨한테 남자 친구가 생겼어요?
아사코: 네, 얼마 전에 소개팅에서 만난 사람에게 첫눈에 반한 모양이에요.
마리오: 그래요? 드디어 이상형을 만났군요.
아사코: 음, 그런데 우연히 제니 씨 남자 친구를 본 적이 있었는데 솔직히 외모는 그저 그랬어요.
마리오: 하하하, **제 눈에 안경이라는** 말이 있잖아요. 제니 씨 눈에는 그 남자 친구가 누구보다도 멋있고 잘생겨 보일 거예요.
아사코: 그렇겠죠? 나도 하루 빨리 내 이상형을 찾아야겠어요.

✲ 제 눈에 안경이다: 자기 눈에만 좋아 보이다

활용예문

▶ 저런 사람을 좋아하는 걸 보면 **제 눈에 안경이라는** 말이 생각나요.
▶ 우리 언니는 **제 눈에 안경이라고** 이런 옷만 좋아해요.
▶ 가: 선희는 민수가 멋있고 잘생겼대. 난 잘 모르겠는데…….
　나: **제 눈에 안경이라고** 하잖아. 선희가 민수를 좋아하니까 아마 그런 말을 했을 거야.

새 어휘와 문형

☐ 사랑에 빠지다　☐ 점점　☐ 소개팅　☐ 첫눈에 반하다　☐ 드디어
☐ 이상형　☐ 외모　☐ 그저 그렇다　☐ -아서/어서 그런지

함께해요

 심리 테스트로 여러분에게 어울리는 이상형을 찾아보세요.

어느 날 흰 새가 여러분에게 날아옵니다. 그런데 흰 새는 입에 무엇을 물고 있습니다. 이 흰 새가 입에 물고 있는 것은 무엇일까요?

①  ②  ③  ④  ⑤

당신에게는 이런 사람이 어울려요.

♠ 꽃다발을 선택한 남성 – 얼굴이 예쁘고 정열적인 사람
　(꽃다발을 선택한 남성은 얼굴이 예쁘고 정열적인 여성이 잘 어울려요.)
♥ 꽃다발을 선택한 여성 – 얼굴이 잘생기고 개성 있는 사람
♠ 보석을 선택한 남성 – 부지런하고 정직한 사람
♥ 보석을 선택한 여성 – 운동을 좋아하는 활발한 사람
♠ 연애편지를 선택한 남성 – 귀여운 사람
♥ 연애편지를 선택한 여성 – 재미있고 사교적인 사람
♠ 아기를 선택한 남성 – 조용하고 여성적인 사람
♥ 아기를 선택한 여성 – 평범한 사람
♠ 뱀을 선택한 남성 – 활발하고 재미있는 사람
♥ 뱀을 선택한 여성 – 행동이 빠르고 성실한 사람

한 걸음 더

▶ 눈(에) 띄다(⇨)　　①두드러지게 드러나다 ②발견되다
　　　　　　　　　한국어 발음이 **눈에 띄게** 좋아졌어요.
▶ 눈 밖에 나다(⇨)　　미움을 받다
　　　　　　　　　수업 시간에 자꾸 떠들면 선생님 **눈 밖에 날** 거야.
▶ 색안경(을) 끼다(⇨)　편견을 가지다
　　　　　　　　　여자들이 담배를 피우면 **색안경을 끼고** 보는 사람들이 많아요.

40 콧대(가) 높다

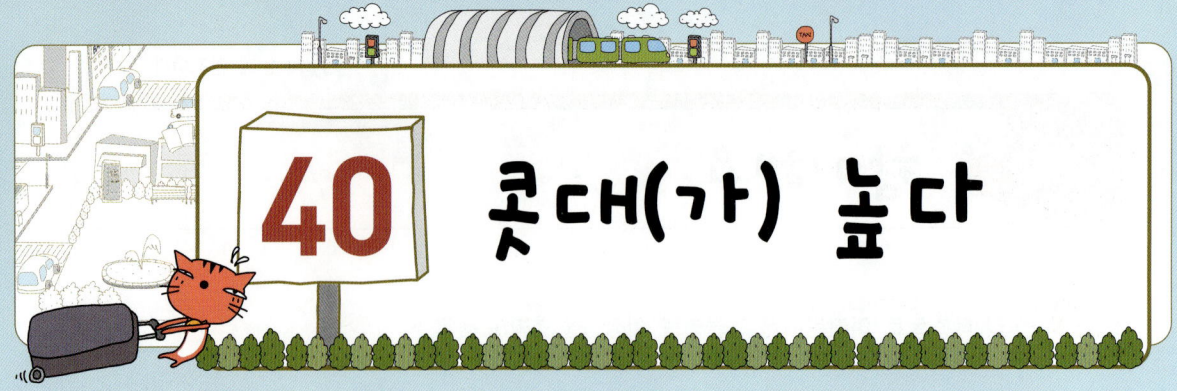

대화

> 코가 높지 않은 친구에게 콧대가 높다고 말하는 것을 들었어요.

> 그건 잘난 척하고 거만한 행동을 하는 사람에게 하는 말이에요.

지 영: 지난주에 부산에 가서 찍은 사진이에요. 제니 씨가 제일 예쁘게 나왔는데 한번 보세요.

제 니: 그래요? 사실 제가 실물보다 사진이 더 예쁘게 나오는 편이에요.

지 영: 제니 씨는 눈도 크고 콧대도 높고 참 미인이에요.

제 니: 호호, 지영 씨. 비행기 태우지 마세요. 지영 씨도 다른 사람들이 부러워할 만큼 귀엽고 예뻐요.

지 영: 아이고, 놀리지 마세요. 난 어릴 때부터 코가 낮아서 거울을 볼 때마다 고민이었어요. 그런데 제니 씨, 콧대가 높다는 말에 다른 뜻이 있는 거 알아요?

제 니: 아니요. 어떤 뜻이 있어요?

지 영: 잘난 척하고 거만한 행동을 하는 사람들에게 쓰는 말이에요. 자존심이 강한 사람에게도 **콧대가 높은** 사람이라고 하고요.

제 니: 그럼 콧대가 높다는 말이 꼭 좋은 말은 아니네요.

✻ 콧대(가) 높다: 잘난 척하고 거만하다

활용예문

▶ 저는 잘난 척하는 **콧대 높은** 여자에게는 관심이 없어요.
▶ 제가 아는 어떤 친구는 텔레비전에 한 번 나온 후로 **콧대가 높아졌어요**.
▶ 가: '**콧대 높은** 미술관'이라고 들어 봤어요?
    나: 네, 신문에서 읽은 적이 있어요. 관람객을 하루에 100명으로 제한한다지요?

새 어휘와 문형

☐ 실물 ☐ 콧대 ☐ 부러워하다 ☐ 놀리다 ☐ 거만하다 ☐ 자존심
☐ 관람객 ☐ 제한하다 ☐ -(으)ㄹ 만큼

 함께해요

 다음을 읽고 친구와 같이 이야기해 보세요.

'클레오파트라'의 코가 조금만 낮았으면 세계의 역사가 달라졌을 것이다'라는 말은 유명한 프랑스의 철학자 파스칼(Pascal)이 한 말입니다. 여기에서 '클레오파트라의 코'는 그녀의 '미모'를 나타내는 말이기도 하지만 '콧대가 높다'라는 뜻이기도 합니다.

 여러분의 콧대가 조금 더 높았다면 지금과 어떻게 달라졌을까요?

- _____
- _____
- _____
- _____

한 걸음 더

- ▶ 콧대(가) 세다(=) **콧대가 세기로** 유명한 감독들이 그 배우와 영화를 찍고 싶어 한다.
- ▶ 콧대를 꺾다(⇨) 자만심을 꺾다
  한국 팀은 유럽 팀과의 경기에서 1승을 거두어 **콧대를 꺾었다**.
- ▶ 코가 땅에 닿다(⇨) 머리를 깊이 숙이다
  한 학생이 선생님께 **코가 땅에 닿도록** 인사를 했다.

연습해요

39_ 제 눈에 안경이다   **40_** 콧대(가) 높다

 보기의 관용어를 넣어서 대화를 만들어 보세요.

> **보기**
> 제 눈에 안경이다   색안경을 끼다   콧대가 높다   콧대를 꺾다

1 가 : 오후에 옆 반과 농구 시합하는 게 어때?

   나 : 좋아. 이번에는 꼭 이겨서 _____.

2 가 : _____지만 어떻게 저런 사람과 사귈 수 있을까?

   나 : 사랑을 하면 상대방의 모든 것이 다 좋아 보이나 봐.

3 가 : 예전에는 국제결혼을 한다고 하면 _____고 보는 사람들이 많았어요.

   나 : 맞아요. 하지만 요즘은 사람들의 생각이 많이 바뀐 것 같아요.

4 가 : 자존심이 아주 강한 사람을 뭐라고 해요?

   나 : _____ 사람이라고도 해요.

5 가 : 그 가게에는 예쁘고 가격도 싼 가방도 많은데 왜 이걸 샀어?

   나 : 난 이게 마음에 들었어.

   가 : _____.

6 가 : 철수 씨가 유학을 다녀온 후부터 _____.

   나 : 그래요? 예전에는 참 겸손한 사람이었는데…….

 여러분이 대화문을 만들어 보세요.

가 : _____

나 : _____

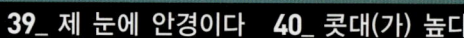

제 눈에 안경이다 / 콧대(가) 높다

 다음을 읽고 대화를 만들어 보세요.

케빈: **콧대 높기로** 유명한 사라가 민우에게 프러포즈를 했대.

준기: 뭐라고? 그게 사실이야. **제 눈에 안경이라고** 하지만 민우를 좋아할 줄은 정말 몰랐어.

케빈: 나도 그 소식 듣고 깜짝 놀랐어. 민우가 성격은 좋지만 사라가 좋아할 스타일은 아닌 것 같은데.

준기: 아마도 사라 눈에 콩깍지가 씌었나 봐.

케빈: 콩깍지? 그게 무슨 말이니?

준기: 콩깍지는 콩의 껍질이야. 눈에 콩깍지가 씌면 앞이 잘 보이지 않는 것처럼 상대방의 단점이 잘 보이지 않는다는 말이야. 모든 것이 사랑스럽게 보이는 거지.

케빈: 아, 그렇구나. 지영 씨 눈에도 콩깍지가 씌였으면 좋겠어. 그럼 나를 좋아하겠지?

준기: _____.

케빈: _____.

 위의 대화문을 읽고 질문에 대답하세요.

1. 준기는 케빈의 말을 듣고 왜 제 눈에 안경이라고 했어요?
2. 눈에 콩깍지가 씌었다는 말은 무슨 뜻이에요?
3. 사람들은 사랑에 빠지면 어떤 점이 달라져요?

새 어휘 ☐ 프러포즈 ☐ 스타일 ☐ 콩깍지 ☐ 씌다 ☐ 껍질 ☐ 단점 ☐ 사랑스럽다

41 가슴이 뜨끔하다

대화

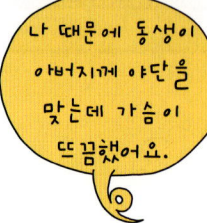  

아사코: 어머, 에릭 씨 가족사진인가 봐요. 옆에 서 있는 이 사람은 동생인가요?
에 릭: 네, 내 동생이에요. 지금 영국에서 건축가로 일하고 있어요.
아사코: 그래요? 이렇게 멋진 동생이 있어서 에릭 씨는 좋겠어요. 늘 동생을 챙기는 에릭 씨를 보면 나는 괜히 내 동생에게 미안해요.
에 릭: 나도 어릴 때는 장난이 심해서 이유 없이 동생을 많이 괴롭혔어요.
아사코: 그랬어요? 어릴 때는 누구나 다 그렇잖아요.
에 릭: 지금 생각해 보면 동생한테 잘못한 일이 많았어요. 언젠가 내가 아버지께서 아끼시던 도자기를 실수로 깨뜨렸는데 야단맞을까 봐 동생이 했다고 거짓말했어요.
아사코: 그래서 어떻게 됐는데요?
에 릭: 아버지께서 화가 많이 나셔서 동생을 심하게 야단치셨어요. 동생이 밤새도록 우는데 정말 **가슴이 뜨끔했어요.**

✽ 가슴이 뜨끔하다: 나쁜 일이나 비밀을 들켰을 때 미안함을 느끼다

활용예문

▶ 왜 하루 종일 전화를 안 받았느냐는 질문에 **가슴이 뜨끔했어요.**
▶ 착하다는 말을 들을 때마다 **가슴이 뜨끔했다.**
▶ 가: 운전하다가 경찰이 보이면 괜히 **가슴이 뜨끔해.**
  나: 맞아, 잘못한 게 없는데도 그럴 때가 있어.

새 어휘와 문형

☐ 건축가   ☐ 괜히   ☐ 아끼다   ☐ 도자기   ☐ 깨뜨리다   ☐ 야단맞다
☐ 뜨끔하다   ☐ -와/과 달리

 함께해요

 이정호 씨의 가슴 뜨끔했던 일들을 소개한 것입니다. 그림을 보고 이정호 씨가 가슴이 뜨끔했던 이유를 말해 보세요.

중학교 다닐 때	고등학교 다닐 때

_____	_____
_____	_____
대학교 다닐 때	회사에 다니고 있는 지금

_____	_____
_____	_____

 여러분은 언제 가슴이 뜨끔했어요? 친구와 같이 이야기해 보세요.

한 걸음 더

▶ 가슴이 찔리다(=)   지갑을 잃어버렸다는 친구의 말에 **가슴이 찔렸다**.
▶ 가슴이 내려앉다(⇨)   **깜짝 놀라다**
   할아버지께서 편찮으시다는 전화를 받고 **가슴이 철렁 내려앉았다**.

42 간이 콩알만 해지다

대화

제 니: 민수 씨, 오랜만에 놀이 공원에 오니까 너무 좋네요.
민 수: 날씨도 좋고 꽃도 많이 펴서 사진 찍으면 참 예쁘겠어요.
제 니: 우리 신나는 놀이 기구도 타고 맛있는 것도 사 먹어요.
민 수: 그래요. 제니 씨, 우리 저기 가 볼래요? 사람들이 많이 모여 있어요.
제 니: 아, '귀신의 집'이네요. 민수 씨, 우리도 얼른 들어가 봐요.
민 수: 들어가 봤자 유치할 거예요. 그냥 다른 데로 가요.
제 니: 왜요? 재미있을 것 같은데 빨리 들어가요.

- 잠시 후 -

제 니: 우와, 정말 재미있었어요. 근데 민수 씨 얼굴이 왜 이렇게 창백해요?
민 수: 좀 놀라서 그래요. 아까 귀신이 갑자기 내 발목을 잡았을 때 **간이 콩알만 해졌어요**. 진짜 기절할 뻔 했어요. 너무 긴장해서 걸어 다닐 힘도 없어요.
제 니: 민수 씨가 이렇게 겁쟁이인줄 정말 몰랐어요.

✽ 간이 콩알만 해지다: 겁이 나서 몹시 두려워지거나 무서워지다

활용예문

▶ 선생님이 갑자기 소리를 치자 **간이 콩알만 해졌다**.
▶ 번지점프를 하려는 순간 **간이 콩알만 해지는** 느낌이었다.
▶ 가: '가발'이라는 공포영화 봤어요?
　나: 네, 너무 무서워서 영화 보는 동안 **간이 콩알만 해졌어요**.

새 어휘와 문형

☐ 신나다　☐ 놀이 기구　☐ 귀신　☐ 유치하다　☐ 창백하다　☐ 기절하다
☐ 긴장하다　☐ 겁쟁이　☐ 번지점프　☐ -아/어 봤자

 함께해요

 간이 콩알만 해지는 무서운 이야기를 읽고 친구와 같이 이야기해 보세요.

- 미술실 -

어느 학교 미술실에 귀신이 있다는 소문이 있었다. 학생들은 그 소문을 듣고 아무도 미술실에 가려고 하지 않았지만 미술 선생님은 그 말을 믿지 않았다. 어느 날 선생님은 라디오와 먹을 것을 준비해서 미술실에서 밤을 새우기로 했다. 밤 12가 되자 선생님은 조금 무서운 생각이 들었다. 그래서 선생님은 음악을 틀어놓고 춤을 추기 시작했다. 어느새 밤은 지나가고 다음 날이 되었다.

아이들: 선생님, 미술실에서 귀신을 봤어요?
선생님: 얘들아, 세상에 귀신은 없어. 어제 미술실에서 거울을 보며 밤새도록 춤추며 놀았는데 아무 일도 없었어.
반 장: 뭐라고요? 선생님, 미술실에는 거울이 없잖아요.

 여러분은 간이 콩알만 해지는 무서운 이야기를 알고 있어요?

한 걸음 더

▶ 간이 떨어지다(=) 천둥소리에 놀라 **간이 떨어지는** 줄 알았어요.
▶ 간(이) 크다(⇨) 무서움을 모르다
  어두운 밤길을 어떻게 혼자서 걸어 왔니? 너 참 **간도 크다**.
▶ 간에 기별도 안 가다(⇨) 먹은 것이 너무 적어 먹은 느낌이 없다
  밥을 두 그릇이나 먹었는데 **간에 기별도 안 가요**.

연습해요

41_ 가슴이 뜨끔하다　42_ 간이 콩알만 해지다

 보기의 관용어를 넣어서 대화를 만들어 보세요.

보기
가슴이 뜨끔하다　　가슴이 내려앉다　　간이 콩알만 해지다　　간이 크다

1　가 : 건강하시던 박 선생님께서 갑자기 병원에 입원하셨대요.
　　나 : 저도 그 소식을 듣고 _____.

2　가 : 언니 옷을 몰래 입고 나가다가 들킬 뻔했어요.
　　나 : 저런, _____.

3　가 : 우리 옆집에 도둑이 들었는데 그 도둑 참 _____.
　　나 : 왜요?
　　가 : 글쎄, 그 집에 경찰이 사는 줄 몰랐나 봐요.

4　가 : 저 마을에 귀신이 나오는 빈 집이 있대. 우리 한번 같이 가 볼래?
　　나 : 난 안 갈래. 이야기만 들어도 _____.

5　가 : 동생의 사고 소식에 _____.
　　나 : 그래도 많이 다치지 않아서 다행이에요.

6　가 : 어제 내가 형이 아끼던 시계를 잃어버렸어. 형이 그 시계를 찾을 때마다 _____.
　　나 : 형한테 사실대로 이야기하는 게 어때?

여러분이 대화문을 만들어 보세요.

가 : _____
나 : _____

176_

41_ 가슴이 뜨끔하다   42_ 간이 콩알만 해지다

가슴이 뜨끔하다 / 간이 콩알만 해지다

 다음 글을 읽고 상황에 맞는 대화를 만들어 보세요.

 나는 '로마의 휴일'이라는 영화를 아주 감명 깊게 보고 나서 마이클 씨와 함께 로마로 여행을 갔다. 영화 속 여자 주인공이 아이스크림을 먹던 유명한 스페인 광장에 가서 사진도 찍었다. 그리고 거짓말을 한 사람이 손을 넣으면 손이 잘린다고 하는 '진실의 입'도 구경했다. 영화에서 주인공이 했던 것처럼 나도 '진실의 입'에 손을 넣어 보았다. 그 순간 괜히 **가슴이 뜨끔하기는** 했지만 다행히 아무 일도 일어나지 않았다. 하지만 같이 간 마이클 씨는 평소 거짓말을 많이 해서 '진실의 입'에 손을 넣지 않겠다고 했다. 보통 남자들보다 겁이 많은 마이클 씨는 혼자 집에 있을 때 바람 소리만 들어도 **간이 콩알만 해진다고** 했다. 결국 마이클 씨는 '진실의 입'에 손을 넣지 않았다.

사 라: 마이클 씨, 저게 유명한 '진실의 입'인가 봐요.
마이클: 우와, 정말이네요. 영화에서 봤던 그거네요.
사 라: 우리도 빨리 저기 가서 사진 찍어요. '진실의 입'에 손도 한번 넣어 보고요.
마이클: _____.
사 라: _____.
마이클: _____.
사 라: _____.

새 어휘   □ 감명 깊다   □ 광장   □ 잘리다

43 가시 방석에 앉다

대화

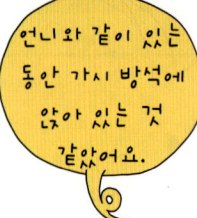

지　영:　정말 아슬아슬한 주말을 보냈어요. 어휴, 아직도 가슴이 두근거려요.
아사코:　놀이 공원에 갔다 왔어요?
지　영:　아니에요. 며칠 전에 언니가 무척 아끼는 코트를 몰래 입고 나갔다가 옷에 커피를 쏟아서 얼룩이 생겨 버렸어요.
아사코:　저런, 언니가 화가 많이 났겠는데요.
지　영:　언니는 아직 모르고 있어요. 몰래 옷장에 걸어 두었거든요.
아사코:　들킬 게 뻔한데 어떻게 하려고요? 지영 씨는 정말 간이 크네요.
지　영:　그렇지 않아도 어제 언니랑 장을 보러 가는데 언니가 그 코트를 입고 나와서 깜짝 놀랐어요.
아사코:　지영 씨 정말 불안했겠어요. 그래서 들켰어요?
지　영:　들키지는 않았는데 장 보는 동안 **가시 방석에 앉아** 있는 것 같았어요. 그래서 오늘은 언니가 좋아하는 피자를 사 들고 가서 솔직하게 말하려고 해요.

✽ 가시 방석에 앉다: 마음이 힘들고 불편한 상황에 있다

활용예문

▶ 사장님과 출장을 다니는 동안 **가시 방석에 앉아** 있는 것 같았어요.
▶ 그 친구를 볼 때마다 **가시 방석에 앉아** 있는 것 같아요. 내가 그 친구에게 큰 잘못을 했거든요.
▶ 가: 지난주에 숙제를 안 냈다면서요?
　 나: 네, 그래서 수업 내내 **가시 방석에 앉아** 있는 기분이었어요.

새 어휘와 문형

☐ 아슬아슬하다　☐ 두근거리다　☐ 쏟다　☐ 얼룩　☐ 장(을) 보다
☐ 들키다　☐ 가시　☐ 방석　☐ 불안하다　☐ -(으)ㄹ 게 뻔하다

함께해요

 가시 방석에 앉아 있는 사람들을 보고 이야기해 보세요.

시험을 보는데 정답을 가르쳐 달라는 친구 때문에 힘들어하는 **'지영'**		3번 문제 정답이 뭐야? 좀 가르쳐 줘.
너무 배가 고파서 친구의 빵을 몰래 먹은 **'민수'**	누가 내 빵을 먹은 거야?	
대학입학시험에서 벌써 두 번이나 떨어진 **'삼수생'**	앞으로 어떻게 할 거니?	
많은 여자들이 있는 엘리베이터 안에 혼자 있는 **'남자'**		

한 걸음 더

▶ 바늘방석에 앉다 (=)   힘들게 일하시는 어머니를 생각하면 **바늘방석에 앉아** 있는 것 같아 마음이 편하지 않다.

▶ 가시밭길을 가다 (⇨)   아주 어렵고 힘들게 살다
　　　　　　　　　　　가시밭길을 가는 것처럼 힘들더라도 포기하지 마세요.

▶ 돈방석에 앉다 (⇨)   갑자기 많은 돈이 생기다
　　　　　　　　　　　옆집 아저씨가 복권에 당첨되어서 **돈방석에 앉았대요.**

44 입에 침이 마르다

대화

김 선생님께서 입에 침이 마르게 너를 칭찬하셨어. 네가 모든 일에 적극적이고 열심히 한다고 말이야.

정말? 김 선생님이 그런 말씀을 하셨어?

에 릭: 민수야. 오랜만이야. 잘 지내고 있지?
민 수: 그저 그래. 방학이라서 매일 빈둥빈둥 놀아. 넌 어떻게 지내?
에 릭: 요즘 눈코 뜰 새 없이 바빠. 오전에는 어학당에서 한국어를 배우고 오후에는 사물놀이 동아리에서 꽹과리 치는 걸 배우고 있어.
민 수: 그런데 너 한국어 실력이 많이 늘었어. 정말 열심히 공부했구나.
에 릭: 아니야, 지금도 부족한 게 너무 많아.
민 수: 발음도 예전보다 훨씬 더 좋아졌고 억양도 한국 사람처럼 자연스러워졌어.
에 릭: 하하하, 비행기 태우지 마.
민 수: 아니야, 김 선생님도 **입에 침이 마르게** 너를 칭찬하셨어. 모든 일에 적극적이고 열심히 한다고 얼마나 칭찬하시던지.
에 릭: 정말? 참, 근데 너 무슨 일로 전화했니?
민 수: 응? 영어 숙제가 있는데 네가 좀 도와줬으면 해서.

❋ 입에 침이 마르다: 입에 침이 마를 정도로 여러 번 말하다

활용예문

▶ 친구들이 내가 만든 김치찌개가 맛있다고 **입에 침이 마르게** 칭찬했어요.
▶ 선생님께서 **입에 침이 마르게** 칭찬한 사람이 누굴까요?
▶ 가: 민지가 노래자랑에서 상품으로 전자 사전을 받았다면서요?
　나: 네, 저한테 **입에 침이 마르게** 자랑을 했어요.

새 어휘와 문형

☐ 빈둥빈둥　☐ 사물놀이　☐ 동아리　☐ 꽹과리　☐ 늘다　☐ 억양　☐ 자연스럽다
☐ 마르다　☐ 적극적　☐ 노래자랑　☐ 상품　☐ 자랑하다　☐ 얼마나 -던지

함께해요

 다음 글을 읽고 친구와 같이 이야기해 보세요.

 '칭찬은 고래도 춤추게 한다.'라는 책이 있을 정도로 칭찬은 큰 힘을 가지고 있습니다. 따뜻하고 즐거운 말 한마디에 우리는 오늘 하루 또는 일주일, 한 달, 일 년 그 이상의 긴 시간을 행복하게 보낼 수 있습니다. 오늘 주변 사람들이 행복해질 수 있도록 칭찬 한 마디 해 보는 게 어때요?

여러분의 친구를 소개하고 그 친구를 입에 침이 마르도록 칭찬해 보세요.

내 친구는 _____ 입니다.
_____.
_____.

여러분이 들은 칭찬 중에서 기분 좋았던 칭찬의 말을 써 보세요.

• 웃는 얼굴이 예뻐요.
• _____.
• _____.

한 걸음 더

▶ 입이 떨어지지 않다(⇨) **말을 하기가 어렵다**
　나쁜 소식을 전하려고 하니까 **입이 떨어지지 않는다**.

▶ 입이 심심하다(⇨) **무엇을 먹고 싶다**
　입이 심심한데 치킨 한 마리 시켜 먹을까요?

▶ 마르다
• 목이 마를 때 마시는 물 한 잔은 정말 꿀맛이에요.
• 날씨가 좋아서 아침에 널어 놓은 빨래가 다 말랐어요.
• 마른 몸매에 긴 생머리의 여학생을 보고 첫 눈에 반했다.

44 입에 침이 마르다 _183

43_ 가시 방석에 앉다　44_ 입에 침이 마르다

연습해요

 보기의 관용어를 넣어서 대화를 만들어 보세요.

보기　가시 방석에 앉다　가시밭길을 가다　입에 침이 마르다　입이 떨어지지 않다

1　가 : 민우에게 좋아한다고 말했어요?

　　나 : 아니요. 민우 얼굴만 보면 부끄러워서 _____.

2　가 : 편하고 안정된 생활을 포기하고 _____는 준석 씨를 이해할 수 없어요.

　　나 : 저도 그래요. 하지만 준석 씨에게는 그게 더 행복한 일일 거예요.

3　가 : 추석 때 고향에는 잘 다녀왔어요?

　　나 : 취직도 못 했는데 친척들이 어느 회사에 다니느냐고 물어서 _____는 것 같았어요.

4　가 : 사람들이 왜 준기를 _____게 칭찬해요?

　　나 : 준기는 예의도 바르고 모든 일을 열심히 하니까요.

5　가 : 아직도 몸이 불편할 텐데 왜 벌써 출근했어요?

　　나 : 모두 바쁘게 일하는데 저 혼자 쉬려고 하니까 _____는 것 같아서요.

6　가 : 정호는 주위에 어려운 사람이 있으면 발 벗고 나서서 도와준대요.

　　나 : 아, 그래서 사람들이 정호를 _____게 칭찬하는군요.

여러분이 대화문을 만들어 보세요.

가 : _____

나 : _____

이야기해요

가시 방석에 앉다 / 입에 침이 마르다

 다음 글을 읽고 상황에 맞는 대화를 만들어 보세요.

어제 민지네 집에서 할아버지의 제사가 있었다. 민지는 제사 때문에 눈코 뜰 새 없이 바쁘신 어머니를 도와 설거지를 했는데 그것을 본 친척들은 민지에게 착하다고 **입에 침이 마르게** 칭찬을 했다. 그러자 어머니도 친척들에게 민지가 집안일을 자주 도와준다고 말씀하셨다. 그렇지만 평소에 집안일을 전혀 돕지 않는 민지는 친척들과 어머니의 말씀을 듣고 **가시 방석에 앉아** 있는 것 같아 마음이 편하지 않았다. 어머니께 너무 죄송스러워서 어머니 얼굴을 볼 수가 없었다. 그날 이후부터 민지는 어머니를 자주 도와드리기로 마음먹었다.

민지: 어제가 할아버지 제사라서 떡하고 과일을 좀 싸 왔어. 같이 먹자.
케빈: 와, 맛있겠다. 그렇지 않아도 입이 심심했는데. 어머니께서 음식을 준비하시느라고 고생이 많으셨겠네. 너도 힘들었지?
민지: 아니야. 설거지 하는 것만 잠깐 도와드렸는데 친척들이 내가 착하다고 입에 침이 마르게 칭찬하셨어.
케빈: _____.
민지: _____.
케빈: _____.
민지: _____.

새 어휘 　☐ 제사　　☐ 설거지(를) 하다　　☐ 집안일　　☐ 죄송스럽다

대화

지 영: 왕방 씨, 저 지영이에요. 계속 통화중이던데 누구랑 그렇게 오래 통화했어요? 혹시 중국에 있는 남자 친구예요?

왕 방: 아뇨, 방금 엄마랑 통화했어요. 한국에서 유학 생활하는 제가 걱정이 많이 되는지 자주 전화하세요.

지 영: 부모님께서 왕방 씨를 많이 보고 싶어하시지요?

왕 방: 네, 처음에는 내가 없어서 좋다고 하시더니 요즘은 집이 너무 조용해서 싫다고 하세요.

지 영: 그래도 왕방 씨는 이렇게 혼자 생활하니까 자유롭지요?

왕 방: 그렇지도 않아요. 엄마한테서 일주일에 세 번 이상 전화가 와요. 아침을 꼭 챙겨 먹으라고, 차 조심하라고, 공부하라고, 늦게까지 친구들과 놀지 말라고 **귀에 못이 박힐 정도로** 이야기하세요.

지 영: 호호호, 어머니들은 다 마찬가지인 것 같아요.

＊ 귀에 못이 박히다: 듣기 싫을 정도로 같은 말을 여러 번 듣다

활용예문

▶ 어릴 때부터 예쁘다는 말은 **귀에 못이 박힐 정도로** 들었어요.
▶ 민수 씨에게 담배를 끊으라고 **귀에 못이 박히도록** 얘기했지만 내 말을 듣지 않아요.
▶ 가: 지금 나오는 노래가 요즘 인기가 많은가 봐.
　나: 그런 것 같아. **귀에 못이 박힐 정도로** 들어서 가사를 다 외웠어.

새 어휘와 문형

□ 통화　　　□ 자유롭다　　　□ 못　　　□ 박히다　　　□ 인기(가) 많다
□ 가사　　　□ -(으)ㄹ 정도로

함께해요

요즘 여러분이 귀에 못이 박힐 정도로 자주 듣는 말이 있어요? 친구와 같이 이야기해 보세요.

① 부모님에게서 _____.
② 선생님에게서 _____.
③ 친구에게서 _____.
④ 남자 / 여자 친구에게서 _____.

다음은 남편과 아내가 귀에 못이 박힐 정도로 자주 듣는 거짓말이에요. 아래의 설문 조사를 보고 이야기해 보세요.

• 남편이 아내에게서 자주 듣는 거짓말

① 이거 싸게 샀어요.   13.4%
② 나 돈 없어요.   10.9%
③ 자주 듣는 거짓말이 없다   8.2%
④ 회사일로 늦을 거예요.   8.1%
⑤ 그냥 친구를 만났어요.   6.9%

• 아내가 남편에게서 자주 듣는 거짓말

① 회사일로 늦을 거예요.   10.7%
② 술 조금만 마실게요.   7.0%
③ 일찍 들어갈게요.   6.0%
④ 나 돈 없어요.   5.3%
⑤ 자주 듣는 거짓말이 없다   5.1%

한 걸음 더

▶ 귀가 닳다(=) 부모님께 약속을 꼭 지켜야 한다는 말을 **귀가 닳도록** 들었다.
▶ 귀에 거슬리다(⇨) **듣기가 좋지 않다**
조용한 강의실에서 껌 씹는 소리가 **귀에 거슬렸다**.
▶ 박히다 • 엄지손가락 끝에 가시가 박혀서 고생했어요.
• 아픈 기억이 그의 머릿속 깊이 박혀 있다.
• 주말에는 아무 데도 가지 않고 집에만 박혀 있었다.

46 눈도 깜짝 안 하다

괜찮아?

많이 아프니?

….

많이 아파.

대화

지 영: 민수야, 너 어제 왜 학교에 안 왔어? 친구들이랑 술 마셨지?
민 수: 아니, 어제 음식을 잘못 먹어서 배탈이 났어.
지 영: 또 꾀병이지? 괜찮으니까 사실대로 말해 봐.
민 수: 정말이야. 내가 아팠다고 하는데도 왜 **눈도 깜짝 안 하는** 거야? 모두 내가 아프다는 말을 하면 농담하지 말라고 하잖아. 너무 아파서 응급실까지 갔었는데…….
지 영: 그래? 그러고 보니 얼굴도 창백하고 힘도 없어 보이네. 정말 많이 아팠나 보구나. 지금은 괜찮아?
민 수: 응, 약을 먹었더니 좀 좋아졌어.
지 영: 아마 네가 평소에 농담을 잘하니까 친구들은 네가 또 농담을 한다고 생각했을 거야. 너무 섭섭하게 생각하지 마.
민 수: 그래도 날 이해해 주는 사람은 너밖에 없구나. 정말 고마워.
지 영: 그런데 사실은 나도 네 말을 못 믿겠어. 오늘이 만우절이잖아.

✽ 눈도 깜짝 안 하다: 조금도 놀라지 않고 겁내지 않다

활용예문

▶ 국민들의 바람이나 아픔에는 **눈도 깜짝 안 하는** 정치인이 있다.
▶ 그는 도박으로 집을 잃고도 **눈도 깜짝 안** 하더군요.
▶ 가: 민우 씨는 내가 헤어지자고 해도 **눈도 깜짝 안 할** 사람이에요.
　나: 아니에요. 민우 씨가 유진 씨를 얼마나 아끼고 사랑하는데요.

새 어휘와 문형

☐ 배탈　　☐ 꾀병　　☐ 응급실　　☐ 섭섭하다　　☐ 만우절　　☐ 바람
☐ 아픔　　☐ 정치인　　☐ 도박　　☐ -기가 무섭게

함께해요

 다음은 '양치기 소년' 이야기입니다. 이 글을 읽고 친구와 같이 이야기해 보세요.

옛날에 거짓말을 잘하는 양치기 소년이 살고 있었어요. 소년은 산에서 양을 돌봤는데 너무 심심했어요. 그래서 어느 날 소년은 '심심한데 거짓말이나 해야지. 늑대가 온다고 거짓말해서 마을 사람들을 놀라게 해야겠다'라고 생각하고 소리쳤어요.
"늑대가 나타났다! 늑대가 나타났다!"

"뭐? 늑대가 나타났다고? 어서 갑시다." 마을 사람들은 서둘러 산으로 올라갔고 소년이 거짓말한 사실을 알게 되었어요. 소년은 "너무 심심해서 제가 거짓말을 했어요."라고 말했고 이후에도 몇 번이나 늑대가 나타났다고 거짓말을 해서 마을 사람들을 화나게 했어요.

며칠 후 소년은 숲 속에서 정말로 늑대를 발견하고 소리쳤어요. "늑대가 나타났다! 늑대가 나타났어요." 그렇지만 마을 사람들은 눈도 깜짝 안 했어요. 아무도 소년의 말을 믿지 않았고 소년이 또 거짓말을 한다고 생각했어요.

 양치기 소년이 정말로 늑대가 나타났다고 말했을 때 마을 사람들은 왜 눈도 깜짝 안 했을까요?

한 걸음 더

▶ 눈 깜짝 할 사이(에)(⇨)   아주 빠른 시간에
눈 깜짝 할 사이에 손에 들고 있던 지갑이 없어졌어요.

▶ 눈(을) 뜨고 볼 수 없다(⇨)   매우 끔찍하거나 부끄러워서 볼 수가 없다
전쟁이 끝난 후의 모습은 **눈 뜨고 볼 수 없었다**.

▶ 눈에 거슬리다(⇨)   보기에 좋지 않거나 불쾌한 느낌이 있다
음식점 간판의 틀린 글자가 계속 **눈에 거슬렸다**.

연습해요

45_ 귀에 못이 박히다 **46_** 눈도 깜짝 안 하다

보기의 관용어를 넣어서 대화를 만들어 보세요.

> **보기**
> 귀에 못이 박히다   귀에 거슬리다   눈도 깜짝 안 하다   눈 깜짝 할 사이에

1 가: 평소에 좋아하던 음악도 기분에 따라 _____ 때가 있어요.

　나: 그래요? 그럼 다른 음악을 틀까요?

2 가: 어릴 때 가장 많이 듣던 말이 뭐예요?

　나: 공부하라는 어머니의 잔소리를 _____도록 들었던 것 같아요.

3 가: 세월이 참 빠른 것 같아.

　나: 맞아, _____ 서른이 돼 버렸어.

4 가: 요즘 아이들은 선생님이 야단을 쳐도 _____.

　나: 세상이 많이 달라진 것 같아요. 예전에 우리가 학교 다닐 때는 선생님이 가장 무서웠잖아요.

5 가: 어젯밤에 굉장히 덥던데 잠은 잘 잤어요?

　나: 아뇨, 날씨도 덥고 옆집에서 아기 우는 소리가 _____ 한숨도 못 잤어요.

6 가: _____도록 말했는데 어떻게 또 잊어버릴 수 있어요?

　나: 미안해요. 요즘 일이 많아서요. 내일은 꼭 가져올게요.

여러분이 대화문을 만들어 보세요.

가: _____

나: _____

45_ 귀에 못이 박히다 46_ 눈도 깜짝 안 하다

이야기해요

귀에 못이 박히다 / 눈도 깜짝 안 하다

 다음 글을 읽고 상황에 맞는 대화를 만들어 보세요.

승우와 준기는 둘도 없는 친한 친구 사이이다. 두 사람은 같은 대학교에 입학해서 기숙사에서 같은 방을 쓰고 있다. 그런데 함께 생활한 지 얼마 되지 않아서 승우와 준기는 사소한 일로 다투는 일이 많아졌다. 서로 생활 습관이 다르기 때문이다.

승우는 새벽에 신문 배달을 하기 때문에 항상 일찍 자야 한다. 그렇지만 밤늦게까지 기타를 치며 노래 연습을 하는 준기 때문에 잠을 잘 수가 없다. 승우는 시끄러우니까 조용히 해 달라고 **귀에 못이 박힐** 정도로 얘기하지만 준기는 **눈도 깜짝 안 한다**. 오히려 준기는 승우에게 노래자랑 때문에 노래를 연습해야 하니까 조금만 이해해 달라고 부탁한다.

승우: 준기야, 벌써 11시야. 좀 조용히 해 줘. 내일도 일찍 아르바이트 가야 하는데 시끄러워서 잠을 잘 수가 없어.

준기: 아직 11시밖에 안 됐잖아. 미안하지만 노래자랑이 얼마 남지 않아서 조금 더 연습해야 해.

승우: _____.
준기: _____.
승우: _____.
준기: _____.

새 어휘 ☐ 사소하다   ☐ 다투다   ☐ 생활 습관   ☐ 배달

47 날개(가) 돋치다

대화

이런 걸 어디에서 샀어요?

옛날 과자 파는 가게에서요. 요즘 다시 이런 과자들이 날개 돋친 듯 팔린대요.

제 니: 민수 씨, 친구들과 스키 타러 가려고 하는데 같이 갈래요?
민 수: 스키요? 가고 싶지만 무릎이 안 좋아서 스키를 탈 수 없어요.
제 니: 그래요? 같이 가면 좋을 텐데. 어쩔 수 없네요.
민 수: 그래도 며칠 전에 눈은 실컷 보고 왔어요. 가족끼리 '태백산 눈 축제'에 갔는데 볼 만한 게 참 많더군요. 특히 눈으로 만든 조각이 인상적이었어요.
제 니: 얼음 조각은 본 적이 있는데 눈으로도 조각을 하는 줄은 몰랐어요. 정말 예뻤겠어요.
민 수: 네, 그리고 '추억의 학창시절'이라는 곳에 갔는데 거기서 옛날에 부모님이 공부하셨던 교실을 볼 수 있었어요. 교실 한쪽에서는 옛날 과자들이 **날개 돋친 듯** 팔리고 있었고요. 나도 한번 사 먹어 봤는데 꽤 맛있었어요.
제 니: 우와, 나도 가 보고 싶은데 언제까지 열려요?
민 수: 다음 주말까지라고 들었어요. 스키장에 가면 거기도 한번 들러 보세요.

✻ 날개(가) 돋치다: 물건이 아주 빨리 팔리다

활용예문

▶ 그 책의 후편이 나오자마자 전 세계에서 **날개 돋친 듯** 팔렸다.
▶ 요즘 **날개 돋친 듯** 팔리는 화장품이 유명 화장품 가격의 10%밖에 안 된대요.
▶ 가: 저 물건이 싸고 좋아서 요즘 **날개 돋친 듯** 팔린대요.
  나: 그래요? 저도 한번 사서 써 봐야겠어요.

새 어휘와 문형

☐ 무릎   ☐ 실컷   ☐ 축제   ☐ 조각   ☐ 인상적   ☐ 학창시절   ☐ 한쪽
☐ 날개   ☐ 돋치다   ☐ 들르다   ☐ 후편   ☐ -더군(요)

함께해요

 다음은 볼거리가 풍부한 한국의 축제들입니다. 어떤 축제인지 함께 이야기해 보세요.

남원 춘향제(5월) 청도 소싸움 축제(3월) 진해 군항제(4월)

안동 국제 탈춤 축제
(9월말~10월초) 보령 머드 축제(7월) 경주 한국의 술과 떡 잔치
(3월말~4월초)

 여러분 나라에는 어떤 축제들이 있습니까? 유명한 축제가 있으면 친구들에게 소개해 보세요.

한 걸음 더

▶ 불티(가) 나다(=) 해외에서 한국 휴대폰이 **불티나게** 팔리고 있다.
▶ 날개(를) 펴다(⇨) 씩씩하게 뜻을 드러내다
　　　　　　　　　아버지는 넓은 세상에서 힘차게 **날개를 펴고** 살라고 하셨다.

48 담(을) 쌓다

대화

민수: 지영아, 설악산 단풍이 한창이라던데 우리도 산에 한번 가자.

지영: 이번 가을에는 아무 데도 못 가. 내 동생이 대학 입학시험을 볼 때까지는 가족 모두 조용히 지내기로 했어.

민수: 그래? 벌써 네 동생이 시험을 보는구나.

지영: 요즘 우리 집에서는 동생이 왕이야. 동생이 집에 있을 때는 공부에 방해될까 봐 아무도 텔레비전을 못 봐. 아빠는 밤늦게 동생을 태우고 오느라 좋아하시던 술도 못 드시고 엄마는 이른 새벽에 동생을 깨우느라 잠도 편하게 못 주무셔.

민수: 그렇구나. 수험생 동생 때문에 부모님께서 힘드시겠어. 그런데 넌 동생을 위해서 뭘 하니?

지영: 난 매일 한 시간씩 동생한테 수학을 가르쳐 주고 있어. 동생이 수학하고는 **담을 쌓았거든**. 지금은 수학 성적이 많이 좋아졌어.

민수: 대단하구나. 네가 수학을 잘하는 줄 알았더라면 내 동생도 부탁할걸 그랬어. 혹시 시간 있으면 내 동생도 좀 가르쳐 줘.

✽ 담(을) 쌓다: 관계없이 지내거나 관심이 없다

활용예문

▶ 천재들 중에는 세상과 **담을 쌓고** 사는 사람들이 가끔 있어요.
▶ 학교 졸업 후에는 공부와는 **담을 쌓고** 살아서 지금 어떻게 공부해야 할지 모르겠어요.
▶ 가: 부채춤 출 줄 알면 좀 가르쳐 주세요.
  나: 춤이라고요? 저는 춤하고는 **담 쌓고** 살아요.

새 어휘와 문형

☐ 단풍 ☐ 한창 ☐ 방해되다 ☐ 깨우다 ☐ 수험생 ☐ 담 ☐ 쌓다
☐ 과외비 ☐ 천재 ☐ 부채춤 ☐ 았/었더라면

 함께해요

 아래의 신문 기사를 읽고 친구와 같이 이야기해 보세요.

독거노인 죽은 지 4년 만에 발견

최소한 4년 전에 사망한 미국의 한 독거노인의 시신이 이웃의 무관심 속에 뒤늦게 발견돼 충격을 주고 있다. 경찰에 따르면 시카고 북서부의 한 집이 경매에 팔리고 나서 새 주인이 집에 들어가 보니 이미 오래전에 사망한 것으로 보이는 노인의 시체가 흔들의자에 앉아 있었다고 한다. 경찰은 편지함에 1997년 소인이 찍힌 미개봉 우편물이 있는 것으로 볼 때 이 노인이 최소 4년 전에 사망한 것으로 추정했다. 이웃들은 사망한 노인이 오랫동안 안 보여 경찰에 신고하자는 의견도 있었으나 신고하면 골치 아픈 일만 생긴다는 생각으로 신고하지 않았다고 한다.

〈출처〉동아일보 2001년 5월 11일

 여러분은 이웃 사람들과 어떻게 지내고 있습니까? 혹시 이웃과 담을 쌓고 지내지는 않습니까? 먼 데 사는 사촌보다 이웃에 살고 있는 남이 더 가깝다는 뜻으로 '이웃사촌'이라는 말이 있습니다. 여러분 주위에는 어떤 이웃사촌들이 있습니까?

한 걸음 더

▶ 벽을 쌓다(=)   그는 오랫동안 공부하느라고 세상과 **벽을 쌓고** 살았다.
▶ 벽을 허물다(⇨)   **장애를 없애다**
　　　　　　　　　대화는 세대 간의 **벽을 허물** 수 있는 가장 좋은 방법입니다.
▶ 쌓다   • 절 근처에서는 정성 들여 쌓은 돌탑을 볼 수 있다.
　　　　　　　　　• 젊을 때에는 가능하면 많은 경험을 쌓는 것이 좋다.

47_ 날개(가) 돋치다 **48_** 담(을) 쌓다

연습해요

 보기의 관용어를 넣어서 대화를 만들어 보세요.

보기			
날개 돋치다	날개를 펴다	담을 쌓다	벽을 허물다

1. 가: 요즘 독서와는 _____고 지내는 사람들이 많아졌어.
   나: 맞아. 대부분의 사람들이 컴퓨터나 텔레비전을 더 가까이 하는 것 같아.

2. 가: '우리전자'에서 새로 나온 세탁기가 어떻대요?
   나: 디자인도 예쁘고 가격도 저렴해서 _____듯 팔린대요.

3. 가: 이렇게 쉬운 동작도 못 따라하면 어떡해요?
   나: 휴, 그 동안 운동과 _____고 지내서 그런가 봐요.

4. 가: 어제 체육대회에 참가했다면서요? 어땠어요?
   나: 서로가 마음의 _____고 함께 할 수 있었던 좋은 시간이었어요.

5. 가: 제과점마다 초콜릿과 사탕이 _____.
   나: 며칠 있으면 밸런타인데이잖아요.

6. 가: 우승을 축하합니다. 혹시 후배들에게 전하고 싶은 말이 있어요?
   나: 하늘을 나는 새처럼 _____고 꿈을 향해 도전하라는 말을 하고 싶어요.

여러분이 대화문을 만들어 보세요.

가: _____
나: _____

47_ 날개(가) 돋치다   48_ 담(을) 쌓다

이야기해요

날개(가) 돋치다 / 담(을) 쌓다

 다음 글을 읽고 상황에 맞는 대화를 만들어 보세요.

어머니는 기계와는 **담을 쌓고** 사는 분이다. 그 흔한 휴대폰조차도 필요없다고 하며 사지 않으신다. 집에 있는 가전제품도 늘 사용하는 기능을 제외하고는 거의 손을 대지 않으신다. 텔레비전을 켜서 좋아하는 드라마를 보고 세탁기를 이용해 빨래를 하지만 비디오를 보거나 인터넷 신문을 읽는 일은 상상도 할 수 없다.

그런데 이런 어머니에게 최근 큰 변화가 생겼다. 평소 글쓰기를 좋아하는 어머니가 쓴 일기가 '짠순이의 생활일기'라는 책으로 만들어져 주부들에게 **날개 돋친** 듯 팔린 것이다. 이것을 기회로 어머니는 소녀 때부터 꿈꾸어 오던 작가가 되기로 결심하고 글쓰기에 몰두하기 시작하셨다. 그리고 오늘 드디어 어머니께서는 노트북을 사셨다.

어머니: 이렇게 하면 편지를 받거나 보낼 수 있다는 말이지?
나   : 네, 엄마. 우선 이메일 주소부터 만들어 드릴게요.
어머니: 그런데 인터넷으로 할 수 있는 일은 뭐니?
나   : 쇼핑도 할 수 있고, _____.
어머니: _____.
나   : _____.
어머니: _____.

새 어휘   ☐ 흔하다 ☐ 가전제품 ☐ 제외하다 ☐ 손(을) 대다 ☐ 상상하다 ☐ 노트북

49 눈독(을) 들이다

대화

에 릭: 민수 씨, 오늘 저녁 7시에 '애견 카페'에 가기로 한 거 알고 있지요?
민 수: 아, 에릭 씨. 정말 미안해요. 나 오늘 못 갈 것 같은데 어떻게 하지요?
에 릭: 왜요? 무슨 일이 있어요?
민 수: 우리 집 강아지가 많이 아파서 지금 동물 병원에 있거든요.
에 릭: 그래요? 어디가 어떻게 아픈데요?
민 수: 우리 집 강아지가 식탐이 아주 많은 편이라서 항상 가족들이 먹는 음식에 **눈독을 들이거든요**. 어제 동생이 먹다 남긴 치킨을 몰래 먹다가 잘못된 모양이에요. 이따가 수술을 받아야 해요.
에 릭: 저런, 개는 닭 뼈를 먹으면 큰일 난다고 들었어요.
민 수: 네, 날카로운 닭 뼈 때문에 위를 다쳐서 빨리 수술을 해야 한대요. 그런데 수술을 한다 하더라도 예전처럼 아무 음식이나 먹을 수는 없대요.
에 릭: 너무 걱정하지 마세요. 다시 건강해질 거예요.

✽ 눈독(을) 들이다: 욕심을 내서 가지고 싶어 하다

활용예문

▶ 드디어 1년 동안이나 **눈독을 들이던** 노트북을 장만했다.
▶ 김 감독은 실력이 뛰어난 박 선수에게 **눈독을 들이고** 있다.
▶ 가: 언니, 그 시계 너무 예쁜데 나한테 주면 안 될까?
   나: 이거 친구한테 선물 받은 거니까 **눈독 들이지 마**.

새 어휘와 문형

□ 식탐   □ 눈독   □ 들이다   □ 남기다   □ 잘못되다   □ 수술   □ 뼈
□ 날카롭다   □ 위   □ 장만하다   □ 뛰어나다   □ -다 하더라도

함께해요

 다음 글을 읽고 친구와 이야기해 보세요.

젊어지는 샘물

옛날에 마음씨 착한 노부부가 살고 있었다. 어느 날 할아버지에게 새 한 마리가 노래를 부르며 날아왔다. 아름다운 노랫소리를 따라 숲 속으로 들어가자 맑은 샘물이 있었다. 목이 말랐던 할아버지는 샘물을 마시고 그 자리에 누워 낮잠을 잤다. 그런데 잠에서 깬 할아버지는 갑자기 변한 자신의 모습에 깜짝 놀랐다. 흰머리와 수염이 까맣게 변했고 얼굴의 주름도 없어져 있었다. 젊은 남자가 된 할아버지는 할머니에게도 그 샘물을 마시게 했다. 그러자 할머니도 젊은 여자로 변했다.

이 소문을 들은 이웃 마을의 욕심쟁이 할아버지가 젊어지는 샘물에 눈독을 들이고 할아버지를 찾아갔다. 착한 할아버지가 샘물의 위치를 가르쳐 주자 욕심쟁이 할아버지는 곧장 숲으로 달려갔다. 그런데 다음날이 되어도 욕심쟁이 할아버지는 숲에서 나오지 않았다. 걱정이 된 할아버지가 숲으로 가 보니 샘물 옆에는 한 아기가 욕심쟁이 할아버지의 옷 속에서 울고 있었다. 욕심쟁이 할아버지가 샘물을 너무 많이 마셔서 아기가 된 것이었다. 마침 자식이 없었던 할아버지는 그 아기를 집으로 데리고 와서 행복하게 잘 살았다.

 만일 여러분이 이 샘물을 마신다면 몇 살로 돌아가고 싶습니까? 그 이유는 무엇입니까?

한 걸음 더

▶ 눈에 넣어도 아프지 않다(⇨)   **매우 귀엽다**
할아버지께서는 어린 손자를 **눈에 넣어도 아프지 않을** 만큼 귀여워 하세요.

▶ 눈엣가시(⇨)   **몹시 싫어서 보기 싫은 사람**
늘 잘난 척하는 그 친구가 **눈엣가시**다.

▶ 들이다
 • 비용을 적게 **들이고** 갈 수 있는 좋은 곳이 없을까요?
 • 정성을 **들여** 만든 음식은 어떤 음식이든지 다 맛있어요.
 • 옛날에는 집에서 옷감에 물을 **들여서** 옷을 만들었어요.

50 뜸(을) 들이다

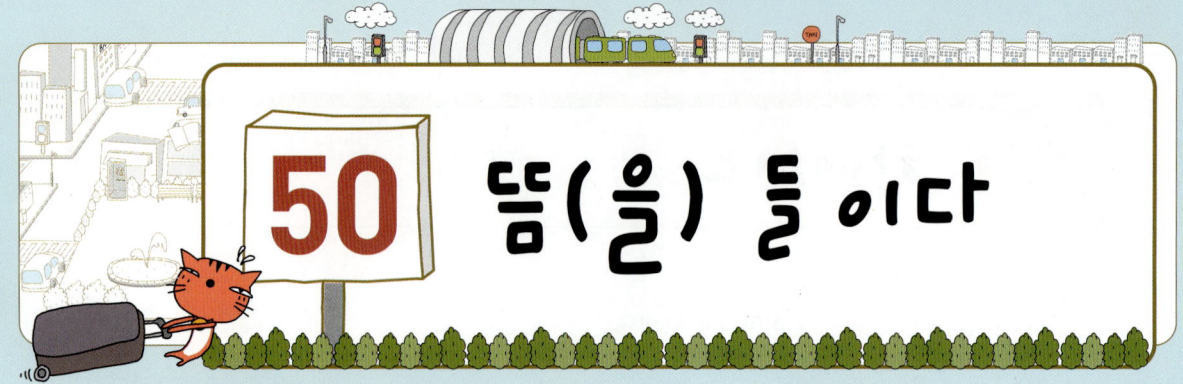

저기... 그러니까... 그게...

대화

남 자 : 밤늦게 나와 줘서 고마워요. 오느라고 힘들었죠?
여 자 : 아니요, 괜찮아요. 그런데 무슨 일이에요? 갑자기 만나자고 해서 조금 놀랐어요.
남 자 : 그러니까, 무슨 일이 있는 건 아니고요. 저기, 그러니까…….
여 자 : 무슨 이야기인데 그렇게 **뜸을 들여요**? 어서 말해 보세요.
남 자 : 음… 사실은… 제가… 이야기를 꺼내기가 여간 어렵지 않네요.
여 자 : 어휴, 답답해서 못 듣겠어요. 갑자기 밤에 전화해서 불러 놓고는 말도 제대로 못 하고 도대체 무슨 일이에요? 그만 뜸 들이고 이야기 좀 해 보세요.
남 자 : 미안해요. 이제 말할게요. 오랫동안 망설였는데 당신을 놓칠지도 모른다는 생각이 들어서 오늘은 용기를 내려고 해요.
여 자 : 네? 지금 뭐라고 했어요?
남 자 : 저 사실 오래 전부터 당신을 좋아하고 있었어요.
여 자 : 그럼, 매일 아침 우리 집 앞에 꽃을 놓고 간 사람이 바로 당신이었어요?
남 자 : 네? 꽃이라니요?

❋ 뜸(을) 들이다: 말이나 행동을 바로 하지 않고 머뭇거리다

활용예문

▶ 그는 이야기 도중에 잠시 **뜸을 들이다가** 다시 이야기를 시작했어요.
▶ 어젯밤에 누굴 만났느냐는 질문에 민수는 한참 동안 **뜸을 들였다**.
▶ 가: 오늘도 **뜸만 들이다가** 말도 못 하고 온 거야?
  나: 응, 이야기를 꺼내기가 너무 힘들어.

새 어휘와 문형

□ 뜸　　　　□ 도대체　　　□ 망설이다　　□ 당신　　　□ 놓치다
□ 용기를 내다　□ 머뭇거리다　□ 도중　　　　□ 여간 -지 않다

함께해요

 스무고개 게임을 친구와 같이 해 보세요.

한 사람이 사람이나 동물, 사물 중 한 가지의 단어를 정합니다.

단어를 정한 후 친구들에게 말하지 않습니다.

다른 친구들은 모두 스무개의 질문을 할 수 있습니다.

스무개의 질문 안에 친구가 생각한 단어를 알아맞혀 봅시다.

네   아니요

단어를 정한 사람은 친구들의 질문에 뜸을 들이며 (네, 아니요)로 대답합니다

자, 출발!

보기

정답: 의자

살아 있습니까?
- 아니요.

먹을 수 있습니까?
- 아니요.

교실에 있습니까?
- 네.

흰색입니까?
- 아니요.

한 걸음 더

▶ 맛(을) 들이다(⇨)   어떤 것에 재미를 느끼다
  제 남동생은 인터넷 게임에 **맛을 들여서** 시간만 나면 게임을 해요.

▶ 뜸
  • 밥을 맛있게 지으려면 뜸을 잘 들여야 해요.
  • 허리가 아픈 데에는 뜸을 뜨는 게 좋아요.

연습해요

 보기의 관용어를 넣어서 대화를 만들어 보세요.

보기
눈독을 들이다   눈에 넣어도 아프지 않다   뜸을 들이다   맛을 들이다

1 가: 그 일을 할까 말까 계속 고민하고 있어요.
   나: 빨리 결정하는 게 좋아요. 지나치게 _____면 좋은 기회를 놓칠지도 몰라요.

2 가: 쯧쯧, 그렇게 남의 돈에 _____더니…….
   나: 결국 감옥에 가는군요.

3 가: 왕방 씨가 몰라보게 날씬해지고 건강해진 것 같아요.
   나: 그렇지요? 요즘 수영에 _____더니 하루도 빠지지 않고 수영장에 가나 봐요.

4 가: 무슨 이야기인데 이렇게 _____? 어려워하지 말고 말해 보세요.
   나: 저기, 부탁이 하나 있는데 들어 줄 수 있어요?

5 가: 새로 들어온 남자 신입생 봤어요? 멋있게 생겼던데요.
   나: 네, 그렇지 않아도 여학생 모두가 _____.

6 가: 민지가 결혼을 하면 민지 부모님께서 많이 서운해 하시겠지?
   나: 아마도 그러실 것 같아. _____ 만큼 사랑스러운 외동딸이니까 말이야.

 여러분이 대화문을 만들어 보세요.

가: _____

나: _____

49_ 눈독(을) 들이다   50_ 뜸(을) 들이다

이야기해요

눈독(을) 들이다 / 뜸(을) 들이다

 다음 글을 읽고 상황에 맞는 대화를 만들어 보세요.

지우는 매일 수업이 끝나고 집으로 돌아가는 길에 들르는 곳이 있다. 그곳은 예쁜 구두가 가득 진열되어 있는 신발가게다. 그 가게 제일 앞에 진열되어 있는 반짝반짝 빛나는 빨간색 하이힐이 너무 마음에 들어서 두 달째 **눈독을 들이고** 있다. 그렇지만 구두를 살 용기가 나지 않아서 매일 쇼윈도 밖에서 한참을 쳐다보기만 하다가 그냥 집으로 돌아가곤 했다. 왜냐하면 지우는 어릴 때 교통사고로 다리를 다쳐서 휠체어를 타고 다니기 때문이다. 그러나 오늘은 꼭 그 구두를 사야겠다고 마음먹고 가게 안으로 들어갔다. 가게 안으로 들어간 지우가 아무 말도 하지 못하고 **뜸을 들이고** 있자 점원이 먼저 빨간색 하이힐을 지우에게 보여 주었다. 지우는 깜짝 놀랐다. 점원은 매일 그 구두를 보고 가는 지우의 모습을 지켜보고 있었다고 했다.

점원: 이제야 오셨네요. 언제쯤 이 구두를 사러 올까 하고 기다리고 있었어요. 이 구두 맞지요?

지우: 어머, 제가 이 구두를 마음에 들어 하는지 어떻게 아셨어요?

점원: 두 달 동안 매일 이 구두를 보러 오셨잖아요.

지우: 네, 사고 싶었지만 용기가 나지 않았어요. 이렇게 예쁜 구두가 제게 어울릴까요?

점원: _____.

지우: _____.

점원: _____.

새 어휘 ☐ 진열되다 ☐ 반짝반짝 ☐ 빛나다 ☐ 하이힐 ☐ 쇼윈도 ☐ 휠체어

51 다리(를) 뻗고 자다

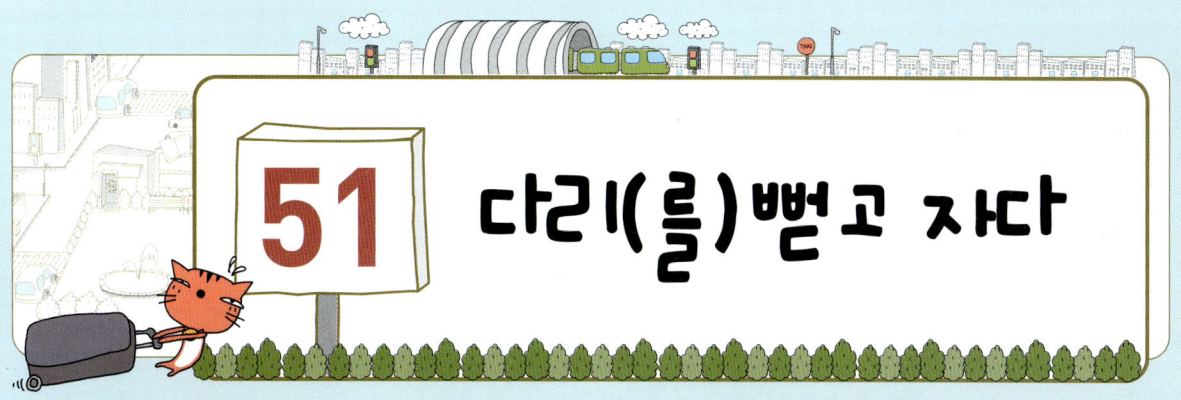

드디어 시험이 끝났다.

대화

제 니: 민수 씨, 웬 찹쌀떡이에요?
민 수: 아, 내일 사촌 동생이 '대학수학능력시험'을 봐요. 시험 잘 보라는 뜻으로 엿하고 찹쌀떡을 선물로 주려고요.
제 니: 그렇군요. 한국에서는 고등학교 3학년 때가 가장 힘들다고 들었는데 민수 씨는 고등학교 시절을 어떻게 보냈어요?

민 수: 좋은 대학교에 들어가야 한다는 부담감 때문에 조금 힘들었어요.
제 니: 고등학생들은 학교에서 대부분의 시간을 보낸다면서요?
민 수: 네, 그런 셈이에요. 아침 일찍 수업을 시작해서 오후 늦게 수업이 끝나거든요. 수업이 끝난 후에도 학교에 남아서 밤늦게까지 공부해요.
제 니: 그래요? 매일 늦게까지 공부하려면 정말 힘들겠어요.
민 수: 하여튼 '대학수학능력시험'을 보고 대학에 합격하기 전까지는 **다리 뻗고 자기가** 힘들었어요.
제 니: 그럼 민수 씨도 3년 동안이나 그렇게 힘들게 공부했다는 말이지요? 정말 대단하군요.
민 수: 저는 4년을 공부했어요. 사실은 재수했거든요.

✻ 다리(를) 뻗고 자다: 걱정 없이 마음이 편하다

활용예문

▶ 계속되는 폭설 때문에 농부들은 **다리 뻗고 잘** 수 없었다.
▶ 맞은 사람은 **다리 뻗고 자도** 때린 사람은 다리 뻗고 자기 어렵다는 말이 있어요.
▶ 가: 일이 잘 해결돼서 다행이에요. 이제 **다리 뻗고 잘** 수 있겠네요.
   나: 네, 그동안 걱정해 줘서 고마워요.

새 어휘와 문형

□ 찹쌀떡   □ 엿   □ 시절   □ 대부분   □ 뻗다   □ 재수하다
□ 폭설   □ 농부 □ 때리다 □ 해결되다 □ -(으)ㄴ/는 셈이다

51 다리(를) 뻗고 자다 _211

함께해요

 여러분의 잠자는 자세는 어때요? 잠자는 자세로 성격을 알 수 잇습니다. 다음을 읽고 친구와 이야기해 보세요.

평소 잠자는 모습으로 성격을 판단할 수 있다는 연구 결과가 나왔다. 영국의 BBC의 보도에 따르면, 수면평가자문연구소(SAAS)가 1000명을 대상으로 분석한 결과 사람들의 수면자세가 6가지로 나타난다고 했다.

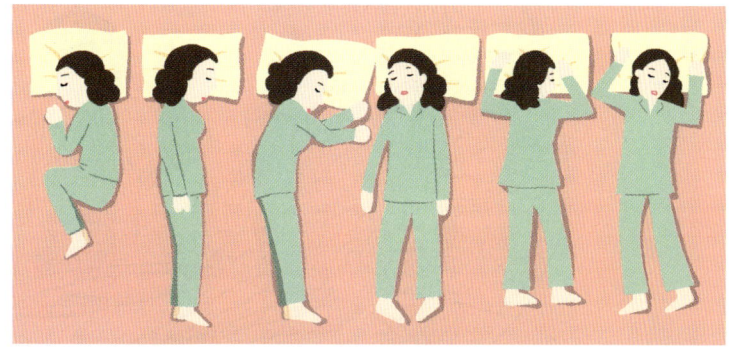

태아형   통나무형   갈망형   군인형   낙하형   불가사리형

태아형(41%): 주로 여성들의 자세로 감수성이 예민한 성격

통나무형(15%): 모든 일에 느긋하고 사교성이 강한 성격

갈망형(13%): 마음은 넓지만 의심이 많고 차가운 성격

군인형(8%): 조용하고 인내심이 많은 성격

낙하형(7%): 사교적이지만 남의 비판에는 예민한 성격

불가사리형(5%): 항상 남의 말을 듣거나 남을 도울 준비가 되어 있는 다정한 성격

(출처 : 영국 BBC인터넷판 제공)

한 걸음 더

▶ 발(을) 뻗고 자다/다리(를) 펴고 자다(=) 시험도 끝났으니 이제 **발 뻗고 잘** 수 있을 것 같다.
▶ 다리(를) 놓다(⇨)   **서로의 관계를 맺어 주다**
　　　　　　　　　　선배가 **다리를 놓아 줘서** 우리는 만나게 되었다.
▶ 뻗다　　　　　• 방이 너무 좁아서 다리를 뻗고 잘 수도 없었어요.
　　　　　　　　• 선반에 놓인 그릇을 꺼내려고 손을 뻗었지만 닿지 않았다.
　　　　　　　　• 우리의 새로운 기술이 세계로 뻗어 가고 있다.

52 파김치가 되다

대화

선생님: 민수야, '사랑의 김치 담그기' 행사에 잘 갔다 왔어?
민 수: 네, 선생님. 선생님 덕분에 좋은 경험도 쌓고 보람 있는 일도 하고 왔어요.
선생님: 그날 날씨가 굉장히 추웠는데 고생 많이 했지?
민 수: 아뇨, 재미있었어요. 처음에는 고무장갑을 끼고 앞치마를 하는 게 창피해서 조금 망설였어요. 그런데 곧 익숙해져서 추운 것도 잊은 채 김치를 20포기나 담갔어요.
선생님: 그날 행사에서 담근 김치가 몇 포기나 되니?
민 수: 글쎄요. 자세히 모르겠지만 아마 1600포기쯤 될 거라고 했어요. 그래서 그날 담근 김치를 불우 이웃 300세대에게 나누어 준대요.
선생님: 정말 좋은 일을 하고 왔구나.
민 수: 처음 해 보는 일이라서 집에 와서는 거의 **파김치가 되었어요**. 그렇지만 어려운 이웃들에게 힘이 된다고 생각하니까 피곤해도 즐거웠어요.

✽ 파김치가 되다: 몹시 지치다

활용예문

▶ 철수는 요즘 밤늦게까지 **파김치가 되도록** 열심히 일한다.
▶ 일이 끝나고 집으로 돌아오는 버스 안에서 나는 매일 **파김치가 된다**.
▶ 가: 요즘도 회사일 때문에 정신없이 바빠요?
  나: 네, 이번 주 내내 야근을 해서 **파김치가 될** 지경이에요.

새 어휘와 문형

□ 행사 □ 경험 □ 보람 □ 고무장갑 □ 앞치마 □ 세대
□ 나누다 □ 파김치 □ 야근하다 □ -(으)ㄴ 채(로)

 함께해요

 여러분이 오늘도 파김치가 되어 집에 돌아왔다면 '만성피로의 자가 진단법' 테스트를 해 보세요.

1	아무리 쉬어도 피곤하다. (10)	예 □	아니요 □
2	가끔 몸에 열이 나고 춥다. (9)	예 □	아니요 □
3	몸의 근육이 아프거나 무겁다. (9)	예 □	아니요 □
4	깊은 잠을 자지 못한다. (8)	예 □	아니요 □
5	기억력이 떨어진다. (8)	예 □	아니요 □
6	자주 우울하다. (8)	예 □	아니요 □
7	두통이 심하다. (8)	예 □	아니요 □
8	목이 붓고 아프다. (8)	예 □	아니요 □
9	자주 화를 낸다. (8)	예 □	아니요 □
10	온 몸에 힘이 없다. (7)	예 □	아니요 □
11	눈이 자꾸 침침해진다. (7)	예 □	아니요 □
12	소변을 자주 보러 간다. (7)	예 □	아니요 □
13	머리가 어지럽다. (6)	예 □	아니요 □
14	맥박이 빨라진다. (6)	예 □	아니요 □
15	눈이 건조하다. (5)	예 □	아니요 □
16	입안이 마른다. (5)	예 □	아니요 □
17	변비가 있다. (5)	예 □	아니요 □
18	손이 붓는다. (5)	예 □	아니요 □
19	잠을 잘 때 땀이 난다. (5)	예 □	아니요 □
20	얼굴이 붉어지고 열이 난다. (5)	예 □	아니요 □

◉ '예'라고 답한 경우에 각각의 점수를 더하세요.

합계 점수 결과	
50점 이하	초기 : 지금까지는 괜찮아요. 걱정하지 마세요.
50점 -100점	중기 : 지금 조금 피곤하시군요! 가벼운 운동을 해 보세요.
100점 이상	말기 : 많이 피곤하니까 쉬셔야 해요. 그렇지 않으면 건강에 좋지 않아요.

한 걸음 더

▶ 녹초가 되다(=)   힘든 훈련으로 선수들의 몸은 **녹초가 되었지만** 표정은 밝았다.
☞ 녹초 : 녹은 초

연습해요

51_ 다리(를) 뻗고 자다   **52_** 파김치가 되다

보기의 관용어를 넣어서 대화를 만들어 보세요.

보기
다리를 뻗고 자다   다리를 놓다   파김치가 되다

1. 가: 어제 밀린 빨래와 청소를 하느라고 _____.
   나: 혼자 그 많은 일을 다 했어? 나한테 연락했으면 도와주었을 텐데…….

2. 가: 취직이 돼서 정말 기쁘지요?
   나: 네, 그동안 아르바이트 하면서 취업 준비하느라고 힘들었는데 이제는
   _____.

3. 가: 산 정상에 오르기까지 힘들지 않았어요?
   나: 너무 힘들어서 산꼭대기에 올랐을 때는 _____.

4. 가: 축하합니다. 이번에 출판된 소설책 반응이 좋다면서요?
   나: 준석 씨가 좋은 출판사와 _____ 덕분이에요.

5. 가: 나는 오늘 한 과목만 더 치면 시험이 끝나요.
   나: 어휴, 난 아직 세 과목이나 남았어요. 시험 끝나기 전까지는
   _____기 힘들 것 같아요.

여러분이 대화문을 만들어 보세요.

가: _____

나: _____

이야기해요

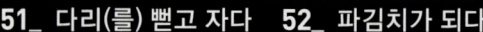
51_ 다리(를) 뻗고 자다   52_ 파김치가 되다

다리(를) 뻗고 자다 / 파김치가 되다

 다음 글을 읽고 상황에 맞는 대화를 만들어 보세요.

 나와 내 아내는 맞벌이 부부다. 그동안 어려운 가정 형편에 집을 장만하기 위해 우리 부부는 쉬지 않고 열심히 일해 왔다. 하지만 며칠 전 갑자기 회사가 어려워지는 바람에 나는 어쩔 수 없이 회사를 그만두어야 했다. 다음 달부터 집세도 올려 달라고 하는데 눈앞이 캄캄했다. 그날 이후 나는 아내 몰래 일자리를 구하려고 여기저기 알아봤지만 소용없었다. 아내에게 직장을 그만두었다고 말해야 하는데 매일 밤 회사에서 파김치가 되어 돌아오는 아내 얼굴을 보면 용기가 나지 않았다. 아내에게 미안한 마음에 하룻밤도 다리 뻗고 잠을 잔 적이 없었다. 그렇지만 아내는 이러한 사실도 모르고 내가 요즘 회사일 때문에 너무 피곤해하는 줄 알고 나를 위해 보약을 준비해 주었다. 그 순간 나는 아무 말도 할 수 없었다.

아내: 여보, 요즘 회사일 때문에 많이 힘들지요?
남편: 나보다는 매일 늦게까지 일하는 당신이 더 힘들잖아요.
아내: 아니에요. 아참, 이것 좀 드세요. 보약이에요.
남편: 저기, 여보! 사실은 _____.
아내: _____.
남편: _____.
아내: _____.
남편: _____.

새 어휘 ☐ 가정 형편 ☐ 맞벌이 ☐ 집세 ☐ 알아보다 ☐ 소용없다 ☐ 보약

53 몸살(이) 나다

대화

딸 : 엄마, 저 오스트리아로 유학 가고 싶어요. 모차르트처럼 훌륭한 음악가가 되기로 결심했어요. 유학 보내 주세요. 네?

엄마 : 뭐라고? 얼마 전까지 러시아로 유학을 가고 싶어서 **몸살이 났었잖아**. 발레를 배우겠다고 하지 않았니? 그런데 또 무슨 소리야?

딸 : 발레보다는 피아노가 제 적성에 더 맞는 것 같아요. 보내 주세요.

엄마 : 너처럼 변덕이 심한 애는 정말 처음 봐. 얼마 안 지나서 또 다른 것을 배우겠다고 할 거지? 다른 생각하지 말고 학교 공부나 열심히 해!

딸 : 엄마, 이번엔 정말 잘할 자신 있어요. 제 친구도 오스트리아로 유학 간다고 하니까 같이 가면 되잖아요.

엄마 : 친구가 오스트리아로 간다고 하니까 너도 가고 싶어진 거야? 넌 중학생이 되었는데도 철들기는커녕 점점 어린애 같은 말만 하는구나.

✱ 몸살(이) 나다: ① 어떤 일을 하고 싶어서 참을 수 없다 ② 너무 피곤해서 춥고 열이 나면서 아프다

활용예문

▶ 돈은 없는데 사고 싶은 물건이 많아서 **몸살이 날** 것 같아요.
▶ 승우는 그 공연이 보고 싶어 **몸살 나** 있는데 표가 매진됐다는 사실을 알면 실망할 거야.
▶ 가: 민지는 멀리 있는 남자 친구가 보고 싶어서 **몸살이 났대요**.
  나: 그래요? 상사병이 났어요?

새 어휘와 문형

□ 오스트리아   □ 몸살   □ 나다   □ 발레   □ 적성   □ 변덕
□ 철들다   □ 어린애   □ 매진되다   □ 상사병   □ -기는커녕

53 몸살(이) 나다 _219

함께해요

인터넷 중독자들은 하루라도 인터넷을 못 하면 몸살이 난다고 합니다. 인터넷은 우리의 생활에서 없으면 안 되는 중요한 것이지만 이것을 지나치게 하다 보면 건강에도 좋지 않을 뿐만 아니라 사회생활도 힘들어집니다. 여러분은 인터넷을 적당히 사용하고 있는지 친구와 같이 이야기해 보세요.

	예	아니요
1. 친구와 노는 것보다 인터넷 하는 것이 더 좋아요?		
2. 인터넷을 통해 새로운 사람을 만난 적이 있어요?		
3. 해야 할 일을 하기 전에 이메일을 먼저 확인해요?		
4. 인터넷을 안 할 때는 우울하고 기분이 나빠져요?		
5. 인터넷이 없으면 생활이 지루하고 재미없을 것 같아요?		
6. 골치 아픈 생각을 잊기 위해 인터넷을 한 적이 있어요?		
7. 늦게까지 인터넷을 하느라고 잠을 못 잔 적이 있어요?		
8. 인터넷을 하고 있을 때 다른 사람이 방해를 하면 화를 내요?		
9. 다른 사람이 인터넷으로 무엇을 하느냐고 물어 볼 때 숨긴 적이 있어요?		
10. 인터넷을 하는 시간을 줄이려고 노력했지만 실패해 본 적이 있어요?		

💡 10개의 질문 중 '예'라고 대답한 경우가 7번 이상인 사람은 인터넷 중독자가 될 가능성이 높습니다. 인터넷 이용 시간을 지금보다 줄이십시오.

한 걸음 더

▶ 몸살(을) 앓다(⇨) 고통스러워 하다
늘어가는 쓰레기로 지구가 **몸살을 앓고** 있다.

▶ 몸(을) 담다(⇨) 어떤 조직에 속하다
제 아버지는 30년 동안 교직에 **몸담고** 계십니다.

▶ 나다
• 좀 쉬면서 일하세요. 그렇게 계속 일하다가 병이 나겠어요.
• 사랑니가 나서 이가 너무 아파요. 눈물이 날 것 같아요.
• 선영 씨에게서 좋은 향기가 나요. 무슨 향수를 써요?

54 물 불(을) 가리지 않다

대화

마리오 : 지영 씨는 어렸을 때 꿈이 뭐였어요?

지 영 : 나는 고고학자가 되고 싶었어요. 피라미드 속에 들어가서 수 천년 전의 비밀이 담긴 유물을 발굴해 보고 싶었거든요.

마리오 : 정말 멋진 꿈이었네요.

지 영 : 아직도 텔레비전에서 유물 발굴 장면이 나오면 가슴이 두근거려요. 마리오 씨 꿈은 뭐였어요?

마리오 : 저는 어릴 때부터 소방관이 되고 싶었어요. 사람들의 목숨을 구하려고 불길 속으로 뛰어드는 소방관이 멋있어 보였거든요.

지 영 : 맞아요. **물불 가리지 않고** 화재 현장으로 뛰어드는 소방관 아저씨들을 보면 정말 훌륭하다고 생각해요. 아무나 할 수 없는 일이잖아요.

마리오 : 그래요. 힘들고 어려운 일이지만 보람 있는 일이지요. 그래서 앞으로 그 꿈을 이루기 위해서 더 열심히 노력할 거예요.

* 물불(을) 가리지 않다: ① 어떤 어려움이나 위험을 무릅쓰고 행동하다
　　　　　　　　　　　② 어떤 일을 해도 되는지 안 되는지 생각하지 않고 행동하다

활용예문

▶ 민수는 친구의 일이라면 **물불을 가리지 않고** 발 벗고 나선다.

▶ 성공하기 위해 **물불을 가리지 않는** 사람들을 보면 안타까워요.

▶ 가: 사랑하는 사람을 위해서 **물불 가리지 않고** 무슨 일이든지 할 용기 있는 사람을 만나고 싶어요.
　 나: 요즘 세상에 그런 사람이 어디 있겠어요?

새 어휘와 문형

☐ 고고학자 　☐ 피라미드 　☐ 유물 　☐ 발굴하다 　☐ 소방관 　☐ 목숨
☐ 불길 　☐ 뛰어들다 　☐ 가리다 　☐ 화재 　☐ -을/를 무릅쓰고

 함께해요

 다음은 한국 전래 동화 '효녀 심청'의 이야기입니다. 아래의 그림을 보고 여러분이 다음 이야기를 만들어 보세요.

어느 마을에 앞을 못 보는 심봉사와 마음씨 착한 딸 청이가 살고 있었습니다.

어느 날 심봉사는 스님에게 공양미 300석이 있으면 앞을 볼 수 있다는 말을 들었습니다.

이 사실을 알게 된 심청은 쌀을 구하기 위해 물불을 가리지 않고 방법을 찾아보았습니다.

과연 심청은 아버지를 위해 쌀을 구할 수 있을까요? 만약 구할 수 있다면 그 방법은 무엇일까요?

그래서 심청은…

한 걸음 더

▶ 앞뒤(를) 가리지 않다(=) 경찰은 **앞뒤 가리지 않고** 범인을 쫓아갔다.
▶ 물과 기름(⇨) **서로 어울리지 못하다**
 저 두 사람은 **물과 기름** 같아서 친해지기 어려울 것 같다.
▶ 가리다
 • 모자로 얼굴을 가리고 사람들 사이를 빠져나갔다.
 • 남녀노소 가리지 않고 누구나 좋아하는 노래를 알고 있어요?

연습해요

보기의 관용어를 넣어서 대화를 만들어 보세요.

> **보기**
> 몸살이 나다   몸을 담다   물불을 가리지 않다   물과 기름

1. 가: 주인공이 가족을 위해 _____고 애쓰는 모습에 감동했어.
   나: 나도 그 장면을 보면서 얼마나 울었는지 몰라.

2. 가: 컴퓨터 게임을 하고 싶어서 또 _____?
   나: 엄마, 30분만 할게요. 네?

3. 가: 민수하고 무슨 문제라도 있어요?
   나: 우리는 생각이 너무 다른 것 같아요. 서로 _____처럼 쉽게 어울릴 수가 없어요.

4. 가: 이번에 나온 최신형 휴대폰을 사고 싶어서 _____.
   나: 네? 새 휴대폰을 산 지 몇 달 안 됐잖아요.

5. 가: 건강하시던 분이 왜 갑자기 병원에 입원하셨대요?
   나: 자식들을 위해 _____고 힘든 일을 하시다가 그만……. 그렇게 오랫동안 쉬지도 못하셨으니 병이 난 거겠지요.

6. 가: 우리가 이 회사에 _____지 1년이 넘었네요.
   나: 입사한 게 엊그제 같은데 벌써 그렇게 되었어요?

여러분이 대화문을 만들어 보세요.

가: _____

나: _____

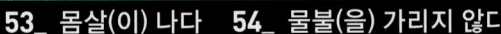

53_ 몸살(이) 나다   54_ 물불(을) 가리지 않다

이야기해요

몸살(이) 나다 /물불(을) 가리지 않다

 다음 글을 읽고 상황에 맞는 대화를 만들어 보세요.

액션 영화를 보고 나서 스턴트맨이 되기로 마음먹었어요. 정말 멋있어 보였거든요. 스턴트맨이 되겠다고 부모님께 말씀드리자 너무 위험한 직업이라고 반대하셨죠.

그렇지만 점점 더 그 일을 하고 싶어졌어요. 스턴트맨이 되고 싶어서 **몸살이 났었지요**. 결국 너무 위험한 일은 하지 않겠다는 약속을 하고 부모님의 승낙을 받을 수 있었어요. 그런데 막상 일을 시작해 보니까 일이 너무 즐거웠어요. 부모님과의 약속은 잊은 채 **물불 가리지 않고** 뭐든지 하게 됐어요. 위험한 일일수록 더욱 스릴이 있거든요.

요코 씨는 한 스턴트맨에 관한 기사를 읽고 스턴트맨이라는 직업에 대해 케빈과 같이 이야기합니다.

요코: 아까 한 스턴트맨의 기사를 읽었어요. 케빈 씨는 스턴트맨이라는 직업에 대해서 어떻게 생각해요?

케빈: 멋있어 보이기는 하지만 위험한 직업인 것 같아요.

요코: 저도 그렇게 생각해요. 그렇지만 물불 가리지 않고 좋아하는 일을 하는 모습은 열정적이고 멋있어 보여요. 케빈 씨도 어떤 일을 하고 싶어 몸살 난 적이 있어요?

케빈: _____.

요코: _____.

케빈: _____.

새 어휘 □ 스턴트맨 □ 승낙(을) 받다 □ 막상 □ 스릴

55 손에 땀을 쥐다

대화

민 수: 마리오 씨, 약속대로 오늘 제가 저녁 살게요. 아사코 씨도 같이 가요.
아사코: 좋아요. 그런데 무슨 좋은 일이라도 있어요?
마리오: 어제 한국과 이탈리아의 축구 경기가 있었잖아요. 같이 경기를 보던 민수 씨가 전반전 경기가 끝나자 갑자기 저녁내기를 하자고 했어요.
아사코: 아, 어제 그 경기요? 정말 **손에 땀을 쥐게 하는** 경기였는데 결국 한국 팀이 2대 1로 아깝게 졌지요? 그래서 오늘 민수 씨가 저녁을 사는 거예요.
민 수: 네, 한국이 이길 줄 알고 마리오 씨에게 내기를 하자고 했거든요. 그런데 후반전이 시작한 지 불과 5분 만에 이탈리아가 동점골을 넣더니 종료 시간 1분전에 한 골을 더 넣더라고요.
아사코: 하하하, 나는 동점으로 경기가 끝날 줄 알았어요.
마리오: 저도 깜짝 놀랐어요. 정말 극적인 역전승이었죠.
아사코: 한국 선수들 모두 최선을 다한 경기였어요. 다음에는 꼭 좋은 결과 있을 거예요.

✽ 손에 땀을 쥐다: 아주 긴장하다

활용예문

▶ 그 영화는 **손에 땀을 쥐게** 하는 장면이 많아서 흥미진진했어요.
▶ 세계적으로 유명한 서커스단의 공연은 보는 내내 **손에 땀을 쥐게** 했어요.
▶ 가: 어제 본 야구 경기는 정말 **손에 땀을 쥐게 했어요**?
　 나: 네. 연장전까지 갔지만 동점으로 끝나서 아쉬웠어요.

새 어휘와 문형

☐ 전반전　☐ 내기　☐ 쥐다　☐ 아깝다　☐ 후반전　☐ 동점골　☐ 극적
☐ 역전승　☐ 흥미진진하다　☐ 세계적　☐ 서커스단　☐ 연장전　☐ 불과 만에

함께해요

 다음은 손에 땀을 쥐게 하는 순간들이에요. 그림을 보고 친구와 같이 이야기해 보세요.

① 액션 영화를 볼 때
이 영화의 자동차 추격신은 정말 손에 땀을 쥐게 만들어요.

② 스포츠 경기를 관람할 때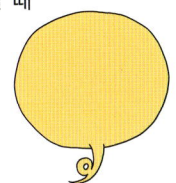

③ 면접시험 순서를 기다릴 때

④ 놀이 공원에서 놀이 기구를 탈 때

⑤ 아기가 태어나기를 기다릴 때

여러분은 어떤 일을 하면 손에 땀을 쥐게 돼요?

 여러분은 긴장을 할 때마다 어떤 방법으로 풀어요?

보기
대추차나 인삼차는 긴장을 푸는 데 도움이 돼요.

한 걸음 더

▶ 손에 잡히다(⇨) **일을 할 수 있게 안정되다**
  다음 학기 등록금 걱정 때문에 공부가 **손에 잡히지** 않아요.
▶ 손에 쥐다(⇨) **차지하다**
  어떤 정치인은 권력을 **손에 쥐기** 위해 물불을 가리지 않는다.
▶ 쥐다
  • 누가 주먹 쥐고 팔 굽혀 펴기를 할 수 있어요?
  • 나는 노래방에서 마이크를 놓지 않고 계속 쥐고 있었어요.
  • 그들은 분명히 이 사건의 열쇠를 쥐고 있는 것 같았다.

56 코가 납작해지다

대화

민　　수: 형, 갑자기 초등학교 졸업 앨범은 왜 꺼내 봐?
민수 형: 오늘 오후에 초등학교 동창회가 있어. 거의 20년 만에 만나는 친구들이라서 막상 얼굴을 보면 이름이 생각나지 않을 것 같아서 말이야.
민　　수: 오랜만에 동창들을 만날 생각을 하니까 기분이 어때?
민수 형: 글쎄, 지금은 빨리 만나 보고 싶은 생각뿐이야. 서로가 바빠서 20년 동안이나 못 만났거든. 모두들 어떤 모습으로 변했을지 정말 궁금해.
민　　수: 그럼 오늘 형이 매일 촌놈이라고 놀리던 준서 형도 만나겠네.
민수 형: 촌놈? 준서? 준서가 누구지?
민　　수: 생각 안 나? 형이 시골에서 전학 온 준서 형을 매일 무시했었잖아. 그런데 준서 형이 반에서 일등을 하자 형 **코가 납작해졌었지**.
민수 형: 아, 이제 생각났어. 박준서! 준서랑 정말 친하게 지냈었는데. 녀석이 이민을 가는 바람에 연락이 끊겼지. 준서도 오늘 꼭 만났으면 좋겠다.

✽ 코가 납작해지다: 콧대가 높던 사람이 더 잘하는 사람 앞에서 위세가 떨어지다

활용예문

▶ 우승을 확신했던 상대팀 선수들이 경기에서 지자 **코가 납작해졌어요**.
▶ 언젠가 잘난 척만 하는 그 친구의 **코를 납작하게** 해 주겠어.
▶ 가: 이번 시험에서 정호가 일등을 했다고 들었어. 민수의 **코가 납작해졌겠구나**.
　 나: 응, 정호가 민수의 콧대를 꺾어 버렸어.

새 어휘와 문형

□ 졸업 앨범　　□ 동창회　　□ 촌놈　　□ 전학　　□ 무시하다　　□ 납작하다
□ 이민(을) 가다　□ 우승　　□ 확신하다　□ 꺾다　　□ -뿐이다

230_

 함께해요

 '토끼와 거북' 이야기를 읽고 친구와 같이 이야기해 보세요.

어느 날 토끼는 거북에게 달리기 경주를 하자고 했다. 거북은 질 게 뻔했지만 토끼의 제안을 받아들였다. 경주가 시작되자 토끼는 '깡충깡충', 거북은 '엉금엉금', 저멀리 결승점을 향해 나아갔다. 거북은 땀을 흘리며 열심히 기어갔지만 빠른 토끼를 쫓아갈 수 없었다. 앞서가던 토끼가 언덕 위에서 한참 아래에 있는 거북을 보며 "그래, 거북이가 어떻게 나를 이기겠어? 저 녀석이 따라오려면 아직 한 시간은 더 있어야 할 테니 그동안 낮잠이나 자야겠다." 하고 나무 그늘에 누워 잠을 잤다. 하지만 토끼가 잠을 자고 있는 사이에 거북은 벌써 토끼 옆을 지나 결승점으로 가고 있었다. 한참 후 토끼는 눈을 떴다. 그때 결승점에 도착한 거북은 토끼에게 소리쳤다. "이 게으름뱅이 토끼야, 네가 빠르다고 자랑했지만 내가 이겼지?" 토끼는 후회를 했지만 경주는 이미 끝나 버렸다. 잘난 척하던 토끼는 **코가 납작해졌다**.

 위의 이야기가 담고 있는 교훈은 무엇이라고 생각합니까?

한 걸음 더

▶ **코가 삐뚤어지다**(⇨) 술에 몹시 취하다
 어젯밤에 친구들과 **코가 삐뚤어지도록** 술을 마셨더니 아침에 머리가 아파 일어날 수가 없었어요.

▶ **큰 코(를) 다치다**(⇨) 크게 망신을 당하거나 피해를 입다
 이 일을 가볍게 생각하면 **큰 코 다치기** 쉬워요. 그러니까 미리 준비해 두어야 해요.

연습해요

55_ 손에 땀을 쥐다   **56_** 코가 납작해지다

 보기의 관용어를 넣어서 대화를 만들어 보세요.

보기
손에 땀을 쥐다   손에 잡히다   코가 납작해지다   코가 삐뚤어지다

1. 가: 왜 아직까지 일을 못 끝냈어요?
   나: 내일 친구들과 놀러 갈 생각을 하니까 일이 _____.

2. 가: 한국이 결승전에서 3대 2로 아깝게 졌다지요?
   나: 네, 정말 _____ 경기였는데 조금 아쉬워요.

3. 가: 주식 값이 많이 떨어졌다는 게 정말이에요?
   나: 네, 저는 주식 값이 오른다는 소문을 듣고 주식을 많이 샀는데 큰일이에요. 하루 종일 일이 _____.

4. 가: 어제도 _____도록 술을 마셨다면서요? 술 좀 줄이세요.
   나: 나도 그러고 싶은데 연말이라 술자리가 많아져서 어쩔 수 없어.

5. 가: 어제 본 영화의 자동차 추격 장면이 정말 인상적이었어요.
   나: 그래요. _____ 아슬아슬한 장면이었지요?

6. 가: 이번 한국어 말하기 대회에서 요코 씨가 아니라 제니 씨가 대상을 받았다면서요?
   나: 네, 항상 똑똑하다고 잘난 척 하던 요코 씨 _____.

여러분이 대화문을 만들어 보세요.

가: _____

나: _____

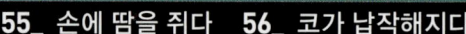

이야기해요

손에 땀을 쥐다 / 코가 납작해지다

 다음 글을 읽고 상황에 맞는 대화를 만들어 보세요.

〈윷놀이〉

윷놀이는 주로 설날부터 정월 대보름까지 하는 한국의 대표적인 명절놀이다. 윷은 둥근 나무토막을 반으로 쪼개어 만든 네 개의 작은 막대기를 말한다. 이것을 던져서 나오는 모양에 따라 도, 개, 걸, 윷, 모로 구별하여 윷판에서 윷말을 옮기는 놀이다.

한국 민속놀이에 관심이 많은 사라는 승우에게 윷놀이에 대한 설명을 듣고 승우와 윷놀이를 했다. 승우는 자기가 꼭 이길 거라고 말하면서 진 사람이 이긴 사람의 부탁 한 가지를 들어 주자고 했다. 사라 역시 처음 해 보는 윷놀이지만 이길 자신이 있다고 말하며 승우의 제안을 받아들였다. 윷놀이가 시작되었다. 처음에는 승우의 윷말이 앞서 갔는데 사라가 승우의 윷말을 잡자 두 사람은 **손에 땀을 쥐었다**. 결국 사라가 이기게 되었고 꼭 이길 거라고 큰소리치던 승우의 **코가 납작해졌다**. 윷놀이에서 이긴 사라는 승우에게 어떤 부탁을 했을까?

승우: 사라 씨가 이겼어요. 정말 윷놀이 처음 해 봤어요?
사라: 그럼요. 약속대로 내가 이겼으니까 부탁 하나 들어 주세요.
승우: 좋아요. 무슨 부탁인데요?
사라: _____.
승우: _____.
사라: _____.

새 어휘	☐ 윷놀이	☐ 정월 대보름	☐ 나무토막	☐ 쪼개다	☐ 막대기
	☐ 구별하다	☐ 윷판	☐ 윷말	☐ 큰소리(를) 치다	

57 시치미(를) 떼다

대화

아 내: 여보, 식사하세요. 당신이 좋아하는 해물찌개 끓였어요.

남 편: 우와, 오늘 무슨 날이에요? 어제만 해도 김치뿐이더니 오늘은 진수성찬이네요. 잘 먹을게요.

아 내: 그런데 여보, 혹시 정지훈이라는 학생을 알아요?

남 편: 응? 누, 누구? 잘 모르겠는데. 그런데 왜요?

아 내: 다 알고 이야기하는 거니까 **시치미 떼지** 말고 말해요. 오늘 그 학생한테서 엽서가 왔어요. 5년 동안 당신이 그 학생을 도와주었다면서요? 어떻게 알게 되었어요?

남 편: 아, 그러니까… 예전에 혼자 시골로 여행을 갔다가 만난 아이인데 할머니와 단둘이 어렵게 살고 있었어요. 어렸을 때 생각도 나고 마음이 많이 아파서 그때부터 돕게 된 거예요. 여보, 숨길 마음은 없었어요. 미안해요.

아 내: 그런 말은 하지 마세요. 앞으로 이런 좋은 일은 함께 하기로 해요. 오늘따라 당신이 더 멋있어 보이는데요.

✽ 시치미(를) 떼다: 알면서도 모르는 척하거나 하고도 안 한 척하다

활용예문

▶ 영수증이 여기 있는데도 끝까지 쇼핑 안 했다고 **시치미 뗄** 거예요?
▶ 전혀 모르는 일이라고 **시치미를 떼니까** 내 말을 믿어 주는 것 같았다.
▶ 가: 너 또 컴퓨터 게임했지?
  나: 아니야, 정말 안 했어. 지금까지 책만 보고 있었어.
  가: 컴퓨터가 이렇게 뜨거운데 무슨 소리야! **시치미 떼지** 말고 말해.

새 어휘와 문형

☐ 해물찌개 ☐ 진수성찬 ☐ 시치미 ☐ 떼다 ☐ 엽서 ☐ 단둘 ☐ 숨기다
☐ 따라 ☐ 영수증 ☐ -만 해도

 함께해요

 '시치미'가 무엇일까요? 다음 글을 읽고 친구와 이야기해 보세요.

'시치미를 떼다'라는 말은 매사냥에서 생겨난 말입니다. 한국에서는 삼국 시대에 이미 매사냥을 하였다고 합니다. 사냥매의 주인들은 사냥매를 잃어버리지 않으려고 자기 매의 꼬리 쪽에 쇠뿔을 얇게 깎아 만든 이름표를 달았습니다. 이 이름표를 평안북도 말로 '시치미'라고 합니다. 그런데 사람들이 주인을 잃은 매를 잡으면 이 시치미를 떼어 버리고 가져가는 경우가 있었습니다. 이처럼 시치미를 떼면 누구의 매인지 알 수 없게 된다고 해서 '시치미를 떼다'라는 말이 생겼다고 합니다.

 여러분은 시치미를 떼어 본 경험이 있어요? 친구들과 이야기해 보세요.

한 걸음 더

▶ 오리발(을) 내밀다(=) 이렇게 술 냄새가 많이 나는데도 술 안 마셨다고 **오리발 내밀** 거야?
▶ 손(을) 떼다(⇨) **그만두다**
이제 그만 이 일에서 **손을 떼고** 싶은데 다른 일 찾기가 쉽지 않아요.

▶ 떼다
- 벽에 붙어 있는 사진들을 모두 떼어 버렸다.
- 매달 용돈에서 이만 원을 떼서 불우 이웃을 돕고 있어요.
- 멀리서 걸어오는 여학생에게서 눈을 떼지 못하고 있었다.

58 허리띠(를) 졸라매다 _237

대화

정 현: 지영아, 나 다음 달에 이사가. 드디어 집을 샀거든. 벌써부터 가슴이 설레.
지 영: 정말이야? 축하해, 언니. 그렇게 알뜰하게 살더니 드디어 집을 샀구나.
정 현: 응, 하늘을 날 것 같은 기분이야. 집 사기까지 6년이 걸렸네. 너도 알다시피 그동안 얼마나 **허리띠를 졸라매고** 살았는지 몰라. 먹고 싶은 것도 못 먹고 사고 싶은 것도 못 사고 참 힘들었어.
지 영: 6년? 정말 대단해. 알뜰하기로 소문난 언니니까 6년밖에 안 걸렸지. 나 같은 사람은 어림도 없을 거야.
정 현: 물론 쉬운 일은 아니었지만 조금씩 돈이 쌓이는 통장을 보면서 힘을 냈어. 그런데 너야말로 통장이 5개나 있을 정도로 알뜰하게 생활한다면서?
지 영: 하하하, 언니에 비하면 아무것도 아니야. 참, 언니. 집들이에 초대하는 거 잊지 마.
정 현: 물론이지. 널 제일 먼저 초대할 테니까 걱정하지 마. 그 대신 우리 집에 올 때 세제랑 휴지는 좋은 걸로 많이 사 와야 해.

* 허리띠(를) 졸라매다: ① 검소한 생활을 하다 ② 어떤 일을 이루려고 굳게 마음먹다

활용예문

▶ 지금은 힘들지만 **허리띠 졸라매고** 열심히 생활하면 좋은 날이 올 거야.
▶ 요즘은 물가가 올라서 **허리띠 졸라매고** 살아도 힘들어요.
▶ 가: 지난달에 이것저것 사느라고 생활비가 좀 부족해.
　나: 당분간은 **허리띠 졸라매고** 살아야겠구나.

새 어휘와 문형

☐ 설레다　　☐ 허리띠　　☐ 졸라매다　　☐ 알뜰하다　　☐ 소문나다　　☐ 어림없다
☐ 통장　　　☐ -(이)야말로

함께해요

 알뜰살뜰하게 살아가는 방법을 소개합니다. 다음을 읽고 친구와 같이 이야기해 보세요.

▶ 마시고 난 녹차 티백 모아서 활용하기
- 녹차 티백을 넣은 물로 세수를 하면 피부에 좋다.
- 녹차 티백을 잘 말려서 신발 속에 넣으면 나쁜 냄새가 없어진다.

▶ 귤과 오렌지 껍질 활용하기
- 감기에 걸려 목이 아플 때 귤껍질을 삶은 물을 마시면 도움이 된다.
- 오렌지 껍질을 삶은 물로 바닥을 닦으면 윤이 나고 향기도 좋다.

▶ 다 쓴 치약 활용하기
- 다 써서 더 이상 나오지 않는 치약을 가위로 잘라서 칫솔이나 수세미에 묻혀 싱크대, 냄비, 은으로 된 액세서리 등을 닦으면 반짝반짝 윤이 난다.

▶ 먹다 남은 술 활용하기
- 맥주로 화초 잎을 닦으면 윤이 나고 소주로 프라이팬이나 가스레인지를 닦으면 기름기가 깨끗하게 없어진다.
- 와인이나 샴페인에 삼겹살을 담갔다가 구워 먹으면 고기가 연하고 맛있다.

 여러분이 알고 있는 생활 속의 절약 방법을 소개해 주세요.

한 걸음 더

▶ 허리가 부러지다(⇨)   힘들게 일하다
회사 일이 너무 많아서 **허리가 부러질** 지경이에요.

▶ 허리(를) 굽히다(⇨)   ①겸손한 태도를 취하다 ②굴복하다
무례한 행동을 하는 사람에게는 **허리를 굽힐** 필요가 없다.

연습해요

57_ 시치미(를) 떼다 **58_** 허리띠(를) 졸라매다

 보기의 관용어를 넣어서 대화를 만들어 보세요.

| 보기 | 시치미를 떼다   손을 떼다   허리띠를 졸라매다   허리가 부러지다 |

1 가: 그 일은 너무 위험한 것 같은데 _____는 게 어때요?

   나: 저도 그러고 싶은데 말처럼 쉽지가 않아요.

2 가: 누가 내 의자에 커피를 쏟았어? 그냥 앉을 뻔 했잖아. _____지 말고 말해 봐.

   나: 글쎄. 잘 모르겠는데. 우리도 방금 들어왔어.

3 가: 오늘부터 _____ 돈을 모을 거예요.

   나: 그 돈을 어디에 쓰려고요? 또 옷을 살 거예요?

4 가: 유럽으로 배낭여행을 간다더니 여행 경비는 다 마련했어요?

   나: 아니요. 그것 때문에 밤낮으로 아르바이트를 하느라고 _____.

5 가: 냉장고에 넣어 둔 케이크 네가 다 먹었어?

   나: 아니. 내가 안 먹었어.

   가: _____. 그럼 네 입에 묻은 그 크림은 뭐니?

6 가: 요즘 _____ 모은 돈으로 자녀들의 비싼 과외비를 내고 있는 부모님들이 많다지요?

   나: 네, 하루 빨리 사교육비 부담이 없어져야 할 텐데 걱정이에요.

여러분이 대화문을 만들어 보세요.

가: _____

나: _____

57_ 시치미(를) 떼다   58_ 허리띠(를) 졸라매다

이야기해요

시치미(를) 떼다 / 허리띠(를) 졸라매다

 다음 글을 읽고 상황에 알맞은 대화를 만들어 보세요.

한 가난한 부부가 **허리띠를 졸라매며** 열심히 살아가고 있었다. 이 부부는 크리스마스가 다가오자 걱정이 되었다. 왜냐하면 크리스마스 선물을 살 돈이 없기 때문이었다.

남편은 며칠을 고민한 끝에 자신의 시계를 팔아 부인에게 줄 고급 머리빗을 샀다. 한편 부인 역시 자신의 긴 머리카락을 팔아 남편에게 선물할 시곗줄을 준비했다. 그리고 두 사람은 서로에게 무언가 선물할 수 있게 되어 즐거웠다. 그러나 크리스마스 날 부부가 서로에게 선물을 주려는 순간 즐거움은 슬픔으로 바뀌었다. 머리카락을 자른 부인에게는 머리빗이 소용없었고, 시계를 팔아 버린 남편에게는 시곗줄이 소용없기 때문이었다. 너무나 마음이 아팠지만 부인은 **시치미를 떼고** 남편에게 웃으며 말했다. "제 머리카락은 무척 빨리 자라요." 남편도 웃으며 말했다. "그럼, 우리 크리스마스 파티를 시작할까요?"

남편: 언제 머리를 잘랐어요? 정말 머리카락을 자른 거예요?
부인: 당신한테 크리스마스 선물을 해 주고 싶었어요.
남편: 난 당신이 정말로 갖고 싶어 하던 이 머리빗을 샀는데……. 당신이 이걸 받으면 정말 기뻐할 거라고 생각했어요.
부인: 아, _____.
남편: _____.
부인: _____.
남편: _____.

새 어휘   ☐ 고민하다 ☐ 머리빗 ☐ 시곗줄 ☐ 즐거움 ☐ 슬픔

59 찬물을 끼얹다

대화

왕 방: 지영 씨, 오늘 안 좋은 일이라도 있어요? 하루 종일 한마디도 안하네요.
지 영: 오늘만이라도 말을 좀 아껴 보려고요.
왕 방: 말을 아끼다니요? 목감기에 걸렸어요?
지 영: 그게 아니라 신문에서 '오늘의 운세'를 봤는데 오늘은 특히 말조심을 하라고 쓰여 있었어요. 그러면 나쁜 일을 피할 수 있을 거라고 해서요.
왕 방: 하하하, 그래요? 항상 재미있는 지영 씨가 오늘은 조용히 있어서 무슨 일이 있나 하고 걱정을 했어요.
지 영: 그랬어요? 그동안 내가 말이 좀 많은 편이었지요? 어제는 내가 말을 잘못해서 아사코 씨에게 큰 실수를 했어요.
왕 방: 무슨 일이 있었어요?
지 영: 어제 아사코 씨가 남자 친구를 소개해 준다고 해서 친구들이 모두 모였는데 그 자리에서 내가 아사코 씨 예전 남자 친구 얘기를 꺼내 버렸어요. 그래서 화기애애한 분위기에 **찬물을 끼얹고** 말았어요.

※ 찬물을 끼얹다: ① 잘되어 가는 일을 망치다. ② 매우 조용해짐을 비유하는 말

활용예문

▶ 나흘 연속 상승한 석유 값이 증권 시장에 **찬물을 끼얹었다**.
▶ 선생님의 말 한마디에 교실은 **찬물을 끼얹은** 듯 조용해졌다.
▶ 가: 축제날에 민수와 정호가 크게 싸웠다면서?
  나: 응, 분위기가 참 좋았는데 두 사람이 **찬물을 끼얹었어**.

새 어휘와 문형

☐ 운세   ☐ 피하다   ☐ 화기애애하다   ☐ 끼얹다   ☐ 연속   ☐ 상승하다
☐ 석유   ☐ 증권 시장   ☐ -고 말다

함께해요

 다음의 상황에서 친구에게 찬물을 끼얹을 만한 재미있는 말을 만들어 보세요.

 이 세상에는 한 번 지나가면 다시는 돌아오지 않는 세 가지가 있는데 그것은 '잃어버린 기회'와 '쏜 화살' 그리고 '입에서 나온 말'이라고 합니다. 이 중에서 가장 무서운 것이 '말'입니다. 격려와 기쁨의 말은 다른 사람에게 용기와 행복을 주지만 그렇지 않은 말은 상대방에게 상처를 주기도 합니다. 여러분은 신중하게 생각하지 않고 말을 함부로 해서 좋은 분위기에 찬물을 끼얹은 경험이 있습니까?

한 걸음 더

▶ 찬바람이 불다(⇨)　　①분위기가 싸늘하다　②사정이 나빠지다
　　　　　　　　　　　건강식품을 찾는 사람들이 많아지자 패스트푸드 업계에는 **찬바람이 불고** 있다고 한다.

▶ 찬밥 더운밥(을) 가리다(⇨)　**좋고 나쁜 것을 가리다**
　　　　　　　　　　　　　　취업하기가 하늘의 별 따기인데 **찬밥 더운밥을 가릴** 사람이 있겠어요?

60 한술 더 뜨다

대화

앵 커: 오늘 저녁 약간의 비가 내린 뒤 내일 오후부터는 기온이 떨어지면서 꽃샘추위가 시작되겠습니다.

제 니: 민수 씨, 방금 뉴스에서 말한 꽃샘추위라는 게 뭐예요?

민 수: 꽃샘추위는 2월말에서 3월 중순 사이에 갑자기 추워지는 걸 말해요. 이때는 한겨울 못지않게 춥고 일교차가 심해서 감기에 걸리기 쉬워요.

제 니: 그래요? 참, 에릭 씨도 감기에 걸렸다면서요?

민 수: 아이고, 말도 하지 마세요. 그렇지 않아도 어제 에릭 씨가 걱정돼서 문병을 갔었는데 너무 황당했어요.

제 니: 왜요? 무슨 일이 있었어요?

민 수: 감기에 좋은 유자차를 끓여서 갔더니 배가 고프다고 죽을 끓여 달라고 했어요. 그래서 죽을 끓여 줬더니 **한술 더 떠서** 청소랑 빨래까지 해 달라고 하더라고요.

제 니: 하하하. 그럼 청소랑 빨래는 안 해 줬어요?

민 수: 친구가 아픈데 어쩔 수 없잖아요. 하느라고 힘들었어요.

✽ 한술 더 뜨다: 행동이나 말, 상황 등이 더 심해지다

활용예문

▶ 처음에는 자료를 찾아 달라던 친구가 **한술 더 떠서** 리포트까지 써 달라고 부탁했다
▶ 새로 나온 카메라가 외국 유명 브랜드의 제품과 디자인이 비슷하대요. **한술 더 떠서** 제품 광고까지 비슷하다는 말도 있어요.
▶ 가: 회사 사정이 좋지 않아서 이번 달에는 보너스가 없대요.
   나: 저도 알아요. **한 술 더 떠서** 월급도 깎인다지요?

새 어휘와 문형

☐ 꽃샘추위   ☐ 일교차   ☐ 한겨울   ☐ 문병   ☐ 한술   ☐ 뜨다
☐ 브랜드   ☐ 깎이다   ☐ -(에) 못지않게

 함께해요

 다음과 같은 상황에서 여러분은 한술 더 떠서 어떤 말을 할 수 있을까요?

'한술 더 뜨다'에서 '한술'은 '한 숟가락', '한 숟가락의 밥'을 말합니다. 즉, 남이 먹는 것보다 한 숟가락을 더 먹는다는 뜻으로 행동이나 말이 다른 사람 보다 또는 다른 때 보다 더욱 심해짐을 나타내는 말입니다.

한 걸음 더

▶ 한솥밥(을) 먹다(⇨) 한 가족처럼 함께 생활하며 지내다
우리는 3년째 **한솥밥을 먹으며** 일해 왔기 때문에 손발이 잘 맞는다.

▶ 뜨다
- 바닥 청소를 해야 하니까 물 좀 가득 떠 오세요.
- 곧 돌아올 테니 그 자리에서 뜨지 말고 기다리세요.
- 친구가 털실로 모자와 장갑을 떠서 나에게 선물로 주었다.

연습해요

59_ 찬물을 끼얹었다   60_ 한술 더 뜨다

 보기의 관용어를 넣어서 대화를 만들어 보세요.

보기
찬물을 끼얹었다   찬바람이 불다   한술 더 뜨다   한솥밥을 먹다

1. 가: 위층에 살고 있는 사람 때문에 밤에 잠을 잘 수가 없어요.
   나: 왜요? 요즘에도 밤마다 피아노를 쳐요?
   가: 네. 그뿐만 아니라 어제는 _____ 사람들을 초대해서 새벽까지 시끄럽게 떠들면서 놀더라고요.

2. 가: 오늘 아침 신문 보셨어요? 물가가 또 오를 거래요.
   나: 큰일이군요. 경기 회복에 _____.

3. 가: 신문에서 읽었는데 어느 대기업의 회사원들이 연봉을 올려 달라고 요구하더니 _____ 주당 근무 시간도 줄여 달라고 했대요.
   나: 그래요? 어느 회사예요?

4. 가: 요즘 불경기라서 그런지 재래시장을 찾는 사람들이 많아졌대요.
   나: 맞아요. 반면에 백화점에는 _____는 모양이에요.

5. 가: 방금 반갑게 인사를 나눈 분이 누구세요?
   나: 아, 어릴 때 같은 동네에서 _____면서 지내던 친한 형이에요.

 여러분이 대화문을 만들어 보세요.

가: _____

나: _____

59_ 찬물을 끼얹다 60_ 한술 더 뜨다

찬물을 끼얹다 / 한술 더 뜨다

 다음 글을 읽고 상황에 맞는 대화를 만들어 보세요.

같은 회사에서 근무하는 승우와 마이클은 이번 여름휴가 때 2박 3일로 서울 근교에 있는 강화도에 가기로 마음먹었다. 강화도는 역사 유적지로 유명한 곳인 데다가 산도 있고 바다도 있어 많은 사람들이 즐겨 찾는 곳이다. 또한 호수나 계곡이 많아서 수상 레포츠를 즐기기에도 아주 좋다. 그러나 이때가 사람들이 많이 몰리는 성수기라서 방을 구하기가 하늘의 별 따기였다. 근처 민박집까지 알아보았지만 빈 방은 하나도 없었다. 승우와 마이클은 여행을 갈 생각으로 한동안 들떠 있었는데 방을 구하지 못한 것이 여름휴가 계획에 **찬물을 끼얹고** 말았다. 어쩔 수 없이 다른 곳으로 휴가를 떠나려고 했는데 오늘은 **한술 더 떠** 갑자기 회사에 급한 일이 생겨서 모든 직원들의 여름휴가가 취소되었다는 소식을 듣게 되었다. 결국 눈 빠지도록 기다리던 승우와 마이클의 여름휴가는 물거품이 되었다.

승　우: 마이클 씨, 이제 어떡하지요? 휴가가 취소될 줄 몰랐어요.
마이클: 회사에 급한 일이 생겼으니까 어쩔 수 없지요. 그렇지만 겨울에 휴가를 보내준다고 하잖아요.
승　우: 그럼 우리 지금부터 겨울휴가 계획을 한번 세워 볼까요?
마이클: _____.
승　우: _____.
마이클: _____.

새 어휘	□ 근교	□ 유적지	□ 계곡	□ 수상 레포츠	□ 몰리다
	□ 성수기	□ 민박집	□ 들뜨다	□ 물거품	

연습문제 정답

01 귀가 얇다   02 입이 무겁다

1 입이 가벼워요
2 귀가 좀 얇아요
3 입이 무거우니까 걱정하지 마세요
4 귀가 어두우셔서, 귀가 어두우세요
5 입이 가벼운
6 귀가 얇아서

03 눈(이) 높다   04 마음(을) 먹다

1 눈이 높아서
2 마음 놓
3 눈이 높아서
4 눈에 익어요
5 마음을 먹었어요
6 마음 놓

05 마음에 들다   06 입에 맞다

1 마음에 드는
2 입에 맞아
3 마음에 들었어요
4 입이 짧아서
5 아주 마음에 들어요
6 마음을 비우

07 발(이) 넓다   08 손(이) 크다

1 손이 커서
2 발을 끊었어요
3 손이 모자라서 그래요
4 발이 넓으
5 손이 컸으
6 발이 넓어서

09 한잔(을) 하다   10 한턱(을) 내다

1 한턱내세요
2 한 잔 올리겠습니다
3 한턱내세요
4 한잔합시다
5 한잔하

11 가슴(이) 찡하다   12 발(을) 벗고 나서다

1 가슴이 아파요
2 발 벗고 나서서
3 가슴 아픈
4 가슴이 찡한
5 가슴 찡한
6 팔짱을 끼

13 골치(가) 아프다   14 굴뚝같다

1 굴뚝같
2 골치 아픈
3 골칫덩어리
4 골치가 아파요
5 굴뚝같

15 국수를 먹다   16 배(가) 아프다

1 배꼽을 잡
2 날을 잡았어요
3 배가 아파요
4 날을 잡을 거예요
5 배가 아플
6 국수를 먹게 해 주실 거예요

17 귀가 가렵다   18 얼굴(이) 두껍다

1 귀가 아파
2 얼굴을 내밀
3 얼굴이 두꺼운
4 귀가 가렵
5 얼굴이 두꺼운
6 귀가 아프

19 기(가) 막히다   20 바람(을) 피우다

1 기가 막히
2 기죽
3 바람을 넣은
4 담배를 피운
5 기가 막혀요
6 바람을 피울

21 낯(이) 두껍다   22 진땀(을) 흘리다

1 낯 뜨거운
2 진땀을 흘렸어요
3 피땀 흘려서
4 낯이 익는데
5 진땀 흘리
6 낯이 뜨겁네요

23 내 코가 석자   24 어깨가 무겁다

1 어깨가 무거워요
2 코앞에 닥쳤는데
3 내 코가 석자예요
4 어깨가 무거워요
5 내 코가 석자예요
6 어깨를 펴고

25 눈(을) 감아주다   26 눈에 불을 켜다

1 눈을 딱 감
2 눈감아주셨어요
3 눈 딱 감
4 눈에 불을 켜고
5 눈감아주셔
6 눈에서 불이 나요

27 눈(이) 빠지도록 기다리다
28 바람(을) 맞다

1 눈이 빠지도록
2 바람을 쐬러 가려고요
3 바람 맞았어요
4 눈이 빠지도록 기다리고
5 바람 맞았어요
6 눈이 어두워서

29 눈코 뜰 새 없다
30 발등에 불이 떨어지다

1 발등에 불이 떨어져서
2 눈코 뜰 새 없이 바빠요
3 눈앞이 캄캄해요
4 눈코 뜰 새 없이 바쁘지요
5 눈앞이 캄캄했어요
6 발등의 불을 껐어

31 바가지(를) 쓰다   32 비행기(를) 태우다

1 비행기를 태우
2 바가지 썼
3 바가지 안 쓰
4 바가지 씌우
5 비행기를 태워 드렸어

33 발목(을) 잡다   34 애(를) 먹다

1 발목을 잡아
2 애를 먹었어요
3 발목을 잡혀서
4 애가 타
5 애를 먹었어요.
6 발목을 잡아서

35 손발(이) 맞다   36 쥐도 새도 모르게

1 쥐 죽은 듯이
2 쥐도 새도 모르게
3 손발이 맞아서
4 손이 빠르네요
5 쥐도 새도 모르게
6 손발이 잘 맞

37 손(을) 보다   38 한눈(을) 팔다

1 한눈 팔
2 눈에 밟혀서
3 손을 봐 드릴까요
4 손을 써서
5 손봐주
6 한눈을 팔

39 제 눈에 안경이다   40 콧대(가) 높다

1 콧대를 꺾어 놓을 거야
2 제 눈에 안경이
3 색안경을 끼
4 콧대가 높은
5 제 눈에 안경이라더니
6 콧대가 높아진 것 같아요

41 가슴이 뜨끔하다   42 간이 콩알만 해지다

1 가슴이 내려앉았어요
2 가슴이 뜨끔했겠어요
3 간이 큰 것 같아요
4 간이 콩알만 해지는 것 같아
5 가슴이 내려앉는 줄 알았어요
6 가슴이 뜨끔해

43 가시 방석에 앉다   44 입에 침이 마르다

1 입이 떨어지지 않아요.
2 가시밭길을 가
3 가시 방석에 앉아 있
4 입에 침이 마르
5 가시방석에 앉아 있
6 입에 침이 마르

45 귀에 못이 박히다   46 눈도 깜짝 안 하다

1 귀에 거슬릴
2 귀에 못이 박히
3 눈 깜짝 할 사이에
4 눈도 깜짝 안 해요
5 귀에 거슬려서
6 귀에 못이 박히

47 날개(가) 돋치다   48 담(을) 쌓다

1 담을 쌓
2 날개 돋친
3 담을 쌓
4 벽을 허물
5 날개 돋친 듯 팔리고 있대요
6 날개를 펴

55 손에 땀을 쥐다   56 코가 납작해지다

1 손에 잡히지 않아요
2 손에 땀을 쥐는
3 손에 잡히지 않네요
4 코가 삐뚤어지
5 손에 땀을 쥐게 하는
6 코가 납작해졌어요

49 눈독(을) 들이다   50 뜸(을) 들이다

1 뜸을 들이
2 눈독을 들이
3 맛을 들이
4 뜸을 들여요
5 눈독을 들이고 있어요
6 눈에 넣어도 아프지 않을

57 시치미(를) 떼다   58 허리띠(를) 졸라매다

1 손을 떼
2 시치미 떼
3 허리띠를 졸라매고
4 허리가 부러지겠어요
5 시치미 떼지 마
6 허리띠를 졸라매서

51 다리(를) 뻗고 자다   52 파김치가 되다

1 파김치가 되었어
2 다리를 뻗고 잘 수 있겠어요
3 파김치가 되었어요
4 다리를 놓아 준
5 다리 뻗고 자

59 찬물을 끼얹다   60 한술 더 뜨다

1 한술 더 떠서
2 찬물을 끼얹겠네요
3 한술 더 떠서
4 찬바람이 부
5 한솥밥을 먹으

53 몸살(이) 나다   54 물불(을) 가리지 않다

1 물불 가리
2 몸살이 난 거야
3 물과 기름
4 몸살이 나겠어요
5 물불을 가리지 않
6 몸담은

찾아보기 Index

ㄱ

가슴(이) 아프다	_51
가슴(이) 찡하다	_50
가슴이 내려앉다	_171
가슴이 뜨끔하다	_170
가슴이 찔리다	_171
가시 방식에 앉다	_178
가시밭길을 가다	_179
간(이) 크다	_174
간에 기별도 안 가다	_174
간이 떨어지다	_174
간이 콩알만 해지다	_173
골치(가) 아프다	_58
골치(를) 앓다	_59
골칫덩어리	_59
국수(를) 먹다	_66
굴뚝같다	_61
귀(가) 아프다	_75
귀가 가렵다	_74
귀가 간지럽다	_74
귀가 닳다	_186
귀가 얇다	_75
귀가 어둡다	_11
귀에 거슬리다	_187
귀에 못이 박히다	_186
기(가) 막히다	_82
기(가) 죽다	_83
기(가) 차다	_83

ㄴ

날(을) 잡다	_67
날개(가) 돋치다	_194
날개(를) 펴다	_195
낯(이) 뜨겁다	_90
낯(이) 익다	_91
내 코가 석자	_98
녹초가 되다	_214
눈 깜짝 할 사이(에)	_190
눈 밖에 나다	_163
눈(에) 띄다	_163
눈(을) 감다	_107
눈(을) 감아 주다	_106
눈(을) 돌리다	_110
눈(을) 딱 감다	_107
눈(을) 뜨고 볼 수 없다	_190
눈(을) 뜨다	_123
눈(이) 높다	_18
눈(이) 맞다	_158
눈(이) 빠지도록 기다리다	_114
눈도 깜짝 안 하다	_189
눈독(을) 들이다	_202
눈앞이 캄캄하다	_123
눈에 거슬리다	_190
눈에 넣어도 아프지 않다	_203
눈에 들다	_27
눈에 밟히다	_158
눈에 불을 켜다	_109
눈에 익다	_19
눈에(서) 불이 나다	_110

찾아보기 Index

눈엣가시 _203
눈이 어둡다 _115
눈코 뜰 새 없다 _122

ㄷ

다리(를) 놓다 _211
다리(를) 뻗고 자다 _210
담(을) 쌓다 _197
돈방석에 앉다 _179
뜸(을) 들이다 _205

ㅁ

마음(을) 놓다 _22
마음(을) 먹다 _21
마음(을) 잡다 _22
마음에 들다 _26
마음을 비우다 _27
맛(을) 들이다 _206
목(이) 빠지다 _114
몸(을) 담다 _219
몸살(을) 앓다 _219
몸살(이) 나다 _218
물과 기름 _222
물불(을) 가리지 않다 _221

ㅂ

바가지(를) 긁다 _131
바가지(를) 쓰다 _130
바가지(를) 씌우다 _131
바늘방석에 앉다 _179
바람(을) 넣다 _86
바람(을) 맞다 _117
바람(을) 맞히다 _118
바람(을) 쐬다 _118
바람(을) 피우다 _85
바람(이) 나다 _86
발(을) 구르다 _35
발(을) 끊다 _35
발(을) 벗고 나서다 _53
발(을) 뻗고 자다 _211
발(이) 넓다 _34
발등에 불이 떨어지다 _125
발등의 불을 끄다 _126
발목(을) 붙잡다 _139
발목(을) 잡다 _138
발목(을) 잡히다 _139
발이 떨어지지 않다 _126
배(가) 부르다 _70
배(가) 아프다 _69
배꼽(을) 잡다 _70
벽을 쌓다 _198
벽을 허물다 _198
불티(가) 나다 _195
비행기(를) 태우다 _133

찾아보기 Index

ㅅ

색안경(을) 끼다	_163
손(을) 놓다	_38
손(을) 떼다	_235
손(을) 보다	_154
손(을) 쓰다	_155
손(을) 씻다	_155
손(을) 잡다	_147
손(이) 모자라다	_38
손(이) 빠르다	_147
손(이) 크다	_37
손발(이) 맞다	_146
손발이 따로 놀다	_147
손에 땀을 쥐다	_226
손에 익다	_155
손에 잡히다	_227
손에 쥐다	_227
시집(을) 가다	_67
시치미(를) 떼다	_234

ㅇ

앞뒤(를) 가리지 않다	_222
애(가) 타다	_142
애(를) 먹다	_141
애(를) 쓰다	_142
어깨(를) 겨루다	_102
어깨(를) 펴다	_102
어깨가 가볍다	_102

어깨가 무겁다	_101
얼굴(을) 내밀다	_78
얼굴(이) 두껍다	_77
얼굴(이) 뜨겁다	_91
얼굴에 철판(을) 깔다	_78
오리발(을) 내밀다	_235
입에 맞는 떡	_30
입에 맞다	_29
입에 침이 마르다	_181
입을 모으다	_14
입이 가볍다	_14
입이 떨어지지 않다	_182
입이 무겁다	_13
입이 심심하다	_182
입이 짧다	_30

ㅈ

잔(을) 올리다	_43
장가(를) 가다	_67
제 눈에 안경이다	_162
쥐 죽은 듯하다	_150
쥐구멍에 들어가다	_150
쥐도 새도 모르게	_149
진땀(을) 빼다	_94
진땀(을) 흘리다	_93

찾아보기 Index

찬물을 끼얹다	_242
찬바람이 불다	_243
찬밥 더운밥(을) 가리다	_243

코가 납작해지다	_229
코가 땅에 닿다	_166
코가 삐뚤어지다	_230
코끝이 찡하다	_51
코를 찌르다	_99
코앞에 닥치다	_99
콧대(가) 높다	_165
콧대(가) 세다	_166
콧대를 꺾다	_166
큰 코(를) 다치다	_230

파김치가 되다	_213
팔(을) 걷고 나서다	_54
팔짱만 끼고 있다	_54
피땀(을) 흘리다	_94

한눈(을) 팔다	_157
한솥밥(을) 먹다	_246
한술 더 뜨다	_245
한잔(을) 걸치다	_43
한잔(을) 하다	_42
한턱(을) 내다	_45
한턱(을) 쓰다	_46
허리(를) 굽히다	_238
허리가 부러지다	_238
허리띠(를) 졸라매다	_237